Bernhard Schrader

Studien zur ælfricschen Syntax - ein Beitrag zur altenglischen Grammatik

Bernhard Schrader

Studien zur ælfricschen Syntax - ein Beitrag zur altenglischen Grammatik

ISBN/EAN: 9783743468054

Hergestellt in Europa, USA, Kanada, Australien, Japan

Cover: Foto ©Paul-Georg Meister /pixelio.de

Manufactured and distributed by brebook publishing software
(www.brebook.com)

Bernhard Schrader

Studien zur ælfricschen Syntax - ein Beitrag zur altenglischen Grammatik

STUDIEN

ZUR

ÆLFRICSCHEN SYNTAX,

EIN BEITRAG ZUR ALTENGLISCHEN GRAMMATIK.

INAUGURAL-DISSERTATION

ZUR

ERLANGUNG DER DOCTORWÜRDE

DER PHILOSOPHISCHEN FACULTÄT ZU GÖTTINGEN

VORGELEGT

VON

BERNHARD SCHRADER.

JENA,
FROMMANNSCHE BUCHDRUCKEREI
(HERMANN POHLE)
1887.

HERRN

PROFESSOR Dr. ARTHUR NAPIER

IN VEREHRUNG UND DANKBARKEIT ZUGEEIGNET.

Vorbemerkung.

Die vorliegende arbeit hat zum gegenstande die homilien Ælfric's und seine heiligen leben (B. Thorpe, The Homilies of Ælfric I, II. London 1844, 46, welche ich mit blosser zahl citiere. — Skeat, Ælfric's Lives of Saints. Early Engl. Text-Soc. Bd. I. London 1881, in den citaten: L.). Nur ganz nebenbei habe ich die alttestamentlichen schriften (Grein's ags. Prosa I.) und die von Zupitza edierte grammatik benützt. Was in specialausgaben und lesebüchern vorhanden war, habe ich dort gelesen. Ich habe die genannten denkmäler gewählt, da in ihnen die sprache Ælfric's frei, nicht als gezwungene übersetzungssprache erscheint. Man kann die hom. und heil. leben nur im weiteren sinne des wortes zur übersetzungsliteratur rechnen. Ich habe die quellen von etwa 20 hom. untersucht und gefunden, dass in den meisten fällen die hom. sehr frei bearbeitet sind. Ælfric giebt jedoch kein vollständig selbständiges résumé, als ob er die lat. hom. gelesen, sie beiseite gelegt und dann seine bearbeitung gemacht hätte; sondern er greift hier und da eine wichtige stelle heraus, übersetzt diese frei und gut und schliesst seine eigne erörterung an.

Zum schluss erfülle ich noch die angenehme pflicht, den herren professoren A. Napier und A. Wagner für stets bereitwilligen rat zu danken.

Aerzen, im Januar 1887.

B. Schrader.

Abschnitt I.

Der artikel.

Cap. I. Der bestimmte artikel.

§ 1. Das demonstrativpronomen *sê, sêo, ðæt,* welches ursprünglich nur als solches auftrat, übernahm nach und nach die function eines bestimmten artikels. Bei Ælfric genügt, auch in fällen entschiedener bestimmtheit, das substantiv noch ohne bestimmten artikel. Daher können wir überall nur von einer tendenz, den artikel zu setzen, reden.

§ 2. Der artikel bei gattungsnamen.

a. Zur bezeichnung eines oder mehrerer bestimmter einzelwesen wird der artikel recht häufig gebraucht, doch kann er überall noch fehlen. Die substantiva können bestimmt sein:

1. durch den zusammenhang, II 62,2 *ðǽr stôd ân ramm betwux þâm bremelum, getîged bê ðâm hornum. hê ðâ genam ðone ramm, and gode geoffrode for ðâm cilde.* II 102,12. II 238,27. Daneben: II 240,22 *crist hangode on rôde.* II 138,14 *Cûðberhtus on merigenlîcere tîde mynster gesôhte.*

2. durch adjectiva, I 206,32 *sê getîgeda assa.* II 60,3 *þæt ðôigende flôd.* II 82,10. Daneben: I 308,3 *hi sind genumene tô lyftenre heofenan, nâ tô roderlîcere.* II 212,20 *mid gescyldnisse sôðes drihtnes.*

3. durch genetive oder sonstige zusätze. II 106,25 *þonne*

sitt hê on ðâm setle his mægenðrymnysse. II 78,18 *sê sceaða, þe mid criste þrôwade.* Daneben: II 124,8 *efne nû þis folc is mid swurde ðæs heofenlîcan graman ofslegen.*

4. Der art. fehlt gern in adverbialen redensarten z. b. I 386,28 *bę wege.* I 392,5 *on sǽ, on lande.* I 436,29 *on hand.* I 610,14 *tô lâfe.* II 136,9 *on felda.* II 136,12 *geond land* = über land. II 168,31 *ofer sǽ.* II 290,25 *tô lande.*

b. Substantiva, die eine ganze gattung bezeichnen, stehen im sing. und plur. mit und ohne art. Sing. mit art.: I 348,12 *god is ǽghwǽr, þêah sê engel stôwlîc sŷ.* I 304,32 *sê prêost cristnað ðæt cild.* Sing. ohne art.: I 208,12 *assa is stunt nŷten.* I 218,10 *palm getâcnað syge.* I 404,25. Plur. mit art.: I 276,4 *þâ nŷtenu hê lêt gân âlotene.* I 326,26 *þâ hlâfordas hê manode, þæt hî milde wǽron.* Plur. ohne art.: I 250,12 *fugelas ne tŷmað swâ swâ ôðre nŷtenu.* I 378,22 *fæderas ic manode, þæt hî etc. ðâm cildum ic bebêad* etc.

Eine besondere erwähnung verdient *man.* Dies hat zur bezeichnung der ganzen gattung im sing. fast regelmässig den artikel; im plur. fehlt er durchaus.

II 10,34 *hû bið sê man tûwa âcenned?* I 254,18 *sê man hæfð gold hê hæfð land and welan; ac ne bið sê man gôd þurh þâs ðing.* Aber: II 106,24 *mannes bearn.* II 454,27 *mannes lîf is campdôm.* Plur.: I 230,30 *for sibbe côm crist tô mannum.* I 230,19 *wê sceolon lufian god and menn.* I 276,4. I 352,18.

§ 3. Der artikel bei eigennamen.

a) Personennamen stehen im allgemeinen ohne art. I 378,8 *þâ bewende hê hine tô Paulum.* Sie haben oft den art., wenn sie vorher erwähnt sind. I 226,31 *sê Samson.* I 572,5 *sê Abacuc.* II 548,4 *sêo Romula.* II 190,22 *Abraham siððan gestrŷnde sunu Isaac, and sê Isaac gestrŷnde twegen, Jacob and Esau. Sê Jacob wæs godes gecoren.* Durch zusätze näher bestimmt, haben eigennamen den art. II 226,24 *sê stranga Samson.* II 138,33 *sêo êadige Maria.* II 438,16. Aber: II 260,17 *of geswefedum Adame wæs Eva gesceapen.*

b. Ortsnamen stehen ohne art., auch in den compositionen von *byrig* mit dem gen. plur. des völkernamens. I 210,22 *Hierusalem.* II 66,7 *tô Babilone.* II 128,20 *on Cantware-byrig.* I 374,12 *on Romana-byrig.* Aber: II 122,20 *sêo Romana-burh.* Mit bestimmendem adjectiv tritt natürlich der art. ein. I 210,24 *tô ðære heofenlican Hierusalem.* II 72,6 *on ðâm Galileiscan Chana.* II 68,1 *sêo yfele Babilonia.*

c. Völkernamen im allgemeinen stehen noch häufiger ohne als mit art. II 346,35 *betwux Yrum and Scottum.* II 356,23 *Ehfrið, Norðhymera cyning, and Æþelrêd Myrcena cyning.* I 86,16 *tô Israhela lande.* Daneben: II 248,12 *ðâ Judei.* I 454,13 *ðæra Silhearwena.* I 560,4 *ðæra Francena.* Mit attributivem adjectiv haben sie stets den art. II 86,9 *sê ealda Israhel.* II 256,3 *ðâ rêðan Judei.* Adjectiva, substantivisch für den namen des volkes gebraucht, stehen mit und ohne art. I 436,15 *betwux Hebreiscum.* II 112,4 *on Samaritaniscra burgum.* II 254,25 *sê hǽlend, Judeiscra cyning.* Substantiva, die durch adjectiva näher bestimmt sind, welche von völkernamen abgeleitet sind, haben meistens keinen art. I 388,11 *ðâ bôceras Judeiscre ðêode.* I 430,15 *fêrde tô Persiscum earde.* II 152,27 *on Lindesfarneiscre cyrcan.* Aber: I 230,4 *ðæs Judeiscan folces* neben I 226,30 *Judeisces folces.* Adjectiva zur bezeichnung von sprachen stehen mit und ohne art. II 2,6 *þâm mannum tô rǽdenne, þe þæt Lêden ne cunnon.* II 86,27 *nân gereord nis swâ hêalic, swa Ebreisc.* In den adverbialen ausdrücken, wie II 2,18 *on Lêden,* fehlt der art.

§ 4. Der artikel bei stoffnamen.

1. Der art. steht nicht, wenn die stoffnamen nur materie bezeichnen, mögen sie mit oder ohne adjectiv vorkommen. I 546,5 *leofodon on ôfete.* I 574,8 *Domicianus hêt âwurpan Johannem on weallendne êle.* II 24,10 *ðâ gesmyrode sum mæssepreôst hi mid êle ðæs hâlgan cŷðeres Stephanes.*

2. Der art. stellt sich aber ein: a) wenn die stoffnamen einen bestimmten teil der materie bezeichnen, II 268,8 *sê hlâf, þe bið of corne gegearcod.* Aber II 212,5 *mid sealte wîslices gesceâdes.* b) wenn er hinweisen kann auf vorherige erwähnung. In letzterem falle lassen wir ihn öfter weg, wo er ae. steht. I 252,18 *Stân is geset ongeân ðone hlâf.* I 220,30 *Mîne gebrôðra, gê gehŷrdon, ðæt ðâ hâlgan wîf cômon tô his byrgene mid ðǣre dêorwyrðan sealfe.*

3. Werden die stoffnamen zu gattungsnamen, so werden sie wie diese behandelt. I 376,5 *hê sylf wearð fǣrlice on ðǣre lyfte gesewen.* II 60,12 *undergeat ðâ æt nêxtan, ðæt hê ûppon ðâm wætere arn.* (auf dem flusse). — II 354,16. II 398,28.

§ 5. Der artikel bei collectiven.

1. In ganz analoger weise, wie bei den stoffnamen, fehlt bei den collectiven im allgemeinen gebrauche der art., da sie gewissermassen auch stoff- oder massennamen sind; nur, dass hier die einzelnen teile lebende individuen sind. I 356,11 *Johannes forflêah folces nêawiste.* I 374,30 *bêah ðâ ungerîm folces to cristendôme.* I 402,26 *sende him ðâ tô Romanisc folc and hi ealle fordyde.* Collectiva, als concrete einheit gefasst, haben den art. II 126,15 *ǣgðer gê prêosthâdes, gê munuchâdes men and þæt lǣwede folc.* II 400,20 *sê hǣlend ðâ tôbræc ðâ hlâfas and sealde his leorning-cnihtum, þæt hi hit ðâm folce sealdon.* Mit zusätzen zeigt sich schwanken. II 84,31 *ðæt Israhela folc.* II 194,10 *Israhela folc.* II 74,31 *ðæt ealde Ebreisce folc.*

§ 6. Der artikel bei abstracten.

1. Allgemein gebraucht stehen die abstracta teils mit, teils ohne art. II 218,6 *standað on sôðfæstnysse and ymbscrŷdde mid rihtwîsnysse byrnan; and nymað ðæs geleáfan scyld, and ðæs hihtes helm.* II 300,16 *ðâ, þe ðæt gedwyld lufodon.* II 326,3 *sê wîsdôm is hâlig.* Aber: II 222,15 *wê sceolon ǽrest oferwinnan gîfernysse mid cystignysse ûres clǽnan môdes, and wêamette mid wîslicum geðylde.*

2. Dasselbe schwanken beobachten wir, wenn zu den abstracten zusätze hinzutreten, mögen sie näher präcisierende sein, oder nicht. II 174,31 *hê hæfð êce lîf.* II 276,1 *hé hæfð þæt êce lîf.* I 368,12 *for ðǽre strengðe his geleáfan and for ânrǽdnysse his andetnysse.*

3. Der art. bei abstracten kann hinweisend auf vorherige erwähnung stehen. I 554,24 *geleáffullum gedafenað, ðæt hi wuldrian on gedrêfednyssum, forðan ðe sêo gedrêfednys wyrð geðyld and ðæt geðyld âfandunge, and sêo âfandung hiht.*

4. Nehmen die abstracta concrete bedeutung an, so haben sie den art. II 506,20 *sêo yld gebæd, and sêo juguð wrât.* II 60,28 *efne hêr is fŷr and wudu, hwǽr is sêo offrung?*

§ 7. Gattungsnamen, die sich in unserer vorstellung auf ein bestimmtes einzelwesen beziehen.

1. *eorðe* steht häufiger ohne als mit art. I 232,12 *on eorðan.* I 262,5 *eorðe is his fôtsceamol.* II 258,4 *eall eorðe bifode.* II 258,19 *ðâ bifode sêo eorðe.* I 608,7. II 552,6.

2. *middangeard* und *woruld* stehen nur ohne art. I 294,14 *sê hǽlend, middangeardes âlŷsend.* I 334,4 *on woruld*e.

3. *neorxnawang* steht nur ohne art. II 78,25 *ðû bist mid mê on neorxnawange.*

4. *helle* steht ohne art. I 328,21 *tô helle*. Aber mit zusatz: II 350,13 *ðâ ðôhte ic, þæt wǽre sêo hell, þe ic oft on lîfe ymbe secgan gehyrde.*

5. *heofon* findet sich als starkes msc. (*heofon*), als starkes und schwaches fem. (*heofon, heofone*) und als plur. des starken msc. (*heofenas*). Der gebrauch des artikels bei *heofon* ist sehr schwankend. Vom natürlichen himmel: I 318,7 *óð heofon*. II 262,6 *sêo heofon*. I 540,29 *heofonan scûras*. II 384,29 *ðǽre heofonan hêahnysse*. Der plur. ist hier wohl selten. II 222,34 *sêo sunne stôd stille on heofenum*. Vom religiösen himmel meistens der plur. I 262,23 *ûre fæder, þe eart on heofenum*. I 520,14 *heofon is mîn setl*. I 520,18 *sêo heofon is his setl*. II 148,25 *tô heofenan*.

6. *sunna* und *môna* stehen mit und ohne artikel mit einer deutlichen tendenz zu ersterer gebrauchsweise. I 282,15 *ðǽre sunnan hǽtu*. II 302,2 *wið sunnan setlunge*. I 608,6 *tâcna geworðað on sunnan and on mônan*. I 366,28 *sume hi gelýfdon on ðâ sunnan, sume on ðone mônan*. II 496,1 *wê witon, ðæt sunna and môna sind godes gesceafta*. I 608,34 *sê fulla môna*.

§ 8. Namen von göttlichen wesen.

1. *god* hat keinen art. I 268,7 *god ne costnað nǽnne manna*. Aber: I 276,23 *sê god wunað on ðrýnysse*, weil vorher erwähnt. I 572,14 *Mǽre is sê god, þe Daniel on belýfð*.

2. *drihten* steht ohne art. I 304,18 *drihten cwæð*. II 242,23 *ðâ ârâs drihten*. Aber: I 438,19 *hê forðý synderlîce ðâm drihtne lêof wæs*, weil vorher erwähnt. I 406,28 *sê mildheorta drihten*. II 152,21 *mihtiges drihtnes*. II 212,20 *sôðes drihtnes*.

3. *hlâford* steht mit art. I 210,1 *sê hlâford*. I 194,1.

4. *crist* steht ohne art. I 310,4 *crist is sê sôða dêma.* II 240,3 *crist is lîf.*

5. *hǽlend* hat meistens den art. I 294,14 *sê hǽlend.* II 258,28 *heofonan rîce mid hǽlende âstigon.*

6. *fæder, sunu, hâlig gâst* haben den art. I 208,26 *on naman ðæs fæder, dæs suna and ðæs hâlgan gâstes.* I 332,1 *sê fæder lufað ðone sunu.* I 208,26 *ðæs hâlgan gâstes.*

Abweichungen von diesem regelmässigen gebrauche sind öfter veranlasst durch den formelhaften character von sätzen, die dem lat. nachgebildet sind, wie: I 120,4 *and rîxað mid fæder and hâlgum gâste on ealra worulda woruld.* Dagegen I 228,32 *mid ðâm fæder and ðâm hâlgan gâste nû â on êcnysse.* I 258,25 *god fæder ælmihtig.* I 350,26 *and rîxað mid fæder on êcnysse.*

7. *dêofol* steht mehr mit als ohne art. I 270,8 *âlýs ûs fram dêofle — god lufað ûs and dêofol ûs hatað.* II 40,14 *hî wǽron gescylde wið dêofol.* I 6,10 *sê dêofol.*

8. *antecrist* hat keinen art. I 308,6 *ongeânes antecriste.* II 542,24 *on antecristes tô-cyme.*

§ 9. Die himmelsgegenden stehen ohne art.

II 254,34 *drihten wæs gefæstnod mid fêower nægelum tô west-dǽle âwend, and his wynstra hêold ðone scýnendan sûð-dǽl, and his swîðra norð-dǽl, êast-dǽl his hnol.* II 302,5 *fram êast-dǽle stemn, fram west-dǽle stemn.*

§ 10. Die namen der feste stehen ohne art. I 296,10 *óð pentecosten.* II 30,30 *ǽr êastron.* II 156,14 *on êastertîde.* Aber: I 312,25 *on ðâm ealdan pentecosten.*

§ 11. Zeitbestimmungen.

1. Die wochentage. Ælfric fühlt in den zusammensetzungen die genetive noch ganz deutlich. II 242,22 *on ðâm fîftan dæge, ðe gê ðunres hâtað.* II 260,27 *on ðâm seofoðan dæge, ðe gê sæternes hâtað.* Daher meist der best. art. II

260,5 *sê sæternes-dæg.* II 206,35 *on ðâm sunnan-dæge.* II 126,17 *on ðone wódnes-dæg.* II 354,33 *on ðâm sæternesdæge.* Daneben findet sich I 214,28 *on ðunresdæge.* I 74,17 *on sunnan-dæg.* I 100,26 *on mônan-dæg.* Interessant sind I 266,21 *on frige æfen.* I 266,27 *his lîc læg on byrgene ðâ sæter-niht and sunnan-niht.*

3. Die jahreszeiten begegnen ohne art. I 98,23 *on hærfeste.* I 356,8 *on middes wintres mæsse-dæge.* II 608,19 *on lenctene.* L. XI 197 *on sumere.*

Cap. II. Der unbestimmte artikel.

§ 12. Für den unbest. art. hat das zahlwort *ân* bei Ælfric schon eine ausgedehnte verwendung gefunden, obgleich das einfache substantiv noch völlig genügt und überwiegt. I 290,3 *Arius hâtte ân gedwolman, sê flât wið ænne bisceop, þe wæs genemned Alexander.* II 424,21 *êodon of ðære byrig intô ânum micclum scrêafe under ânre dûne.* I 14,20. I 320,1 *on ânre culfran anlîcnysse.* I 320,12 *on culfran anlîcnysse.* II 242,22 *ðâ côm sê hælend on assan sittende.* I 206,11 *gê gemêtað getigedne assan.*

§ 13. Nur einmal fand ich den unbest. art. vor einem plur. mit singularer bedeutung. II 354,31 *ða geseah hê, hwær man bytlode âne gebytlu* = ein gebäude. II 354,34 *hê befrân ðâ, hwâm ðâ gebytlu gemynte wæron.*

§ 14. Wird durch die copula oder ein copulatives verb dem subjecte ein unbestimmtes prädicat beigelegt, so fehlt vor letzterem fast durchweg der unbest. art. I 406,2 *mîn hûs is gebedhûs.* I 436,10 *ðæs Hieronimus wæs hâlig sacerd.* II 108,3 *ic wæs cuma.* II 136,33 *sê cuma wæs engel and nâ man.* Aber: II 210,21 *Sion is ân dûn.* I 126,10 *ic êom ân man, geset under anwealde.* I 130,7 *ic êom man, under anwealde geset.*

§ 15. Nur in einem falle habe ich unbest. und best. art. zusammen gefunden. Hier ist letzterer durch den superlativbegriff veranlasst. Doch könnte hier *âne* auch zahlwort sein. cf. Koch § 251.

Exodus 32,21 *hit hæfð geworht âne þâ mǽstan synne and gode þâ lâðustan* = eine nämlich die grösste sünde.

Cap. III. Der artikel in der apposition.

§ 16. Ein eigenname wird durch die apposition näher bestimmt, indem diese ihm eine, nicht als unbekannt vorausgesetzte eigenschaft in form eines titels, standes- oder verwandtschaftsnamen beilegt, welche zur unterscheidung von gleichnamigen Individuen dient, oder titelhaft mit ihm verbunden ist.

1. Bei vorstehender apposition steht immer der art. I 334,16 *ðone lârêow Moysen.* I 352,11 *on ðâm fîftêoðan geâre ðæs câseres rîces Tiberii.* I 434,18 *sêo cwên Triphonia.* I 434,31 *sê bisceop Maximius.* I 458,8 *sê cyning Polimius.* II 274,6 *sê apostol Paulus.* II 296,32 *sê fæder Philippus.*

2. Bei nachstehender apposition aber finde ich recht häufig auslassung des art., wodurch die verbindung viel inniger wird. II 128,16 *Æðelbryht cyning,* aber II 128,25 *sê cyning Æþelbryht.* I 558,31 *ðurh Paules apostles lâre.* II 118,1 *Ælfred cyning.* II 308,9 *Alexander papa.* II 550,1 *sê êadiga Gregorius papa.* Aber: I 194,1 *Esechiel sê wîtega.* I 294,21 *Johannes sê fulluhtere.* I 302,31 *Johannes sê apostol.*

§ 17. Ganz ähnlich ist die verwendung des art. in der apposition zu ortsnamen. Vor dem namen hat sie den art. I 226,29 *sêo burh Gasa.* I 294,16 *of ðǽre byrig Hierusalem.* I 490,32 *sêo burh Naim.* Nach dem namen hat sie fast nie den art. und verschmilzt zuweilen mit ihm zu einem worte. I 286,34 *on Romebyrig.* I 370,28 *tô Romebyrig.* L. II 181 *tô Alexandrian byrig.* L. III 664 *on Cessariam byrig.* L. IV 3 *on Antiochian, ðǽre byrig.* L. X 9 *tô ðǽre mǽran Rombyrig.*

§ 18. Bei ländernamen hat die apposition vorstehend immer den art. I 336,6 *on ðâm earde Licaonia.* I 414,1 *on ðǽre scîre Valeria.* Gewöhnlich aber treten *land, rîce* appositionell zu dem namen und wachsen mit ihm zu einem compositum zusammen, das ohne art. steht. I 310,13 *on Judea-lande.* I 310,27 *on Egypta-lande.* I 502,4 *on Campania-lande.* I 558,33 *fram Grêclande.* II 66,5 *tô Chaldea-rîce.* II 118,27 *on Sicilia-lande.* II 200,8 *ðæt Egypta-land* ist hinweisend, jenes Ægyptenland. Aehnlich wird der könig eines landes bezeichnet. I 568,28 *Syria cyning.* I 574,1 *Herodes, Judea cyning,* und mit flexivischem, mehr adjectivisch betrachtetem erstem teile I 570,2 *ðæs Syrian cyninges here* (vergleiche I 30,3 *Cyrenius of Sirian-lande* für *Siria-lande* wie vorher).

§ 19. Bei den übrigen geographischen namen steht die apposition meistens mit artikel vor dem namen. I 504,28 *sê munt Gorganus.* II 64,18. I 440,14. II 288,12. I 86,20 *ofer ðâ êa Jordanen.*

§ 20. Bei einem genetivverhältnis tritt ein substantiv zwischen apposition und eigennamen, wenn jene vor letzterem steht.

I 314,24 *ðæs wîtegan cwyde, Joheles.* I 352,9 *ðæs câseres rîces, Tyberii.* Nicht so, wenn die apposition nachsteht, da dann die verbindung enger ist. II 136,11 *Aidanes biscopes sâwle.* I 558,1 *ðæs êadigan Petres apostles leorningcniht.* I 558,31 *þurh Paules apostles lâre.* Aber: I 2,13 *on Æþelrêdes dæge cyninges.* I 2,15 *ðurh Æþelmǽres bêne, ðæs þegnes.*

§ 21. Nur sehr selten stimmt die apposition nicht mit dem beziehungsworte überein. II 242,14 *ðâ sê dêofol intô Judan bestôp, ân ðǽra twelfa drihtnes ðegna.* II 238,3 *drihten cwæð tô Nichodeme, ân ðǽra Judeiscra ealdra.* L V 124 *gefette ænne mæssepreôst, Policarpus gehâten, hâlig wær and snotor.*

Cap. IV. Über stellung und wiederholung des artikels.

§ 22. Der art. steht vor dem zugehörigen substantiv. Regiert dies substantiv einen genetiv, so tritt dieser meistens zwischen das substantiv und seinen art., wodurch eine enge, uns oft als compositum erscheinende verbindung entsteht.

I 372,19 *sê godes apostel.* I 388,6 *ðone godes cempan.* I 610,23 *þâs engla werod.* II 72,26 *sê hîrêdes ealdor.* II 140,22 *ðone windes blǽd.* II 26,20 *þâ landes men.* Auch pronomina treten in der stellung des art. auf. I 386,17 *sum godes ðegen.* I 572,5 *ðû godes ðêowa.* II 8,21 *ûre sâwla âlŷsend.* Auch adjectiva treten vor diese verbindung. I 324,11 *sê ælmihtiga godes sunu.* I 618,13 *sê miccla godes dæg.* II 66,3 *ðæt mǽre Salomones templ.* Steht der genetiv nach dem ihn regierenden worte, so bietet die verbindung nichts besonderes. Letztere stellung hat meist statt, wenn der genetiv irgend welche zusätze hat. Doch findet man II 86,7 *on ðâm hundseofontig geâra fæce.* II 132,28 *Bêda Engla-ðêode lârêow.* Genesis 37,66 *Putifare, ðâm âfŷrydan Faraones cempena ealdre.*

§ 23. Wiederholung des artikels.

Mehrere auf ein substantiv bezügliche adjectiva fasst Ælfric noch in der getrennten, mehr kraftvoll als logischen weise des alten epischen stils. Er sagt noch II 252,19 *eala, þû gôda ðêowa and getrŷwe.* I 340,33 *ða ungesewenlican ðing and ðâ heofonlican.* Eine folge dieser auffassungsweise ist es, wenn Ælfric auch bei zwei, vor einem substantiv stehenden adjectiven den art. wiederholt. I 338,1 *for lufe ðæs mildheortan and ðæs âadmôdan hælendes.* II 126,4. I 262,13 *tô ðâm hêhstan and ðâm fyrmestan gecynde, þæt is god.* So auch II 598,16 *ðû ælmihtiga and ðû êca god.* Sehr ausdrucksvoll ist II 598,10 *ic andette ðâ ânan hâlgan and ðâ gelêaffullan, and ðâ apostolîcan gelaðunge.*

Abschnitt II.

Das hauptwort.

Cap. I. Der numerus.

§ 24. Der numerus von concreten.

1. Wenn substantiva concrete begriffe, die aus teilen bestehen, bezeichnen, stehen sie öfters im plur. I 456,18 *hê hæfð sîde beardas.* Aber: 466,24 *mid sîdum bearde.* II 354,32 *ðâ gebytlu.*

2. Concrete dinge stehen, wenn im besitz von mehreren personen, dennoch meist im sing. Hierin geht Ælfric oft noch weiter als das neuhochdeutsche, welches schon eine dem neuenglischen entgegengesetzte auffassungsweise hat.

I 46,26 *ðâ Judei ðâ wurdon ðearle on heora heortan âstyrode.* II 426,10 *heora nebwlitu sceân swâ swâ sunne.* II 542,33 *ne lôsað ân hær of êowerum hêafde.* II 192,21 *ðâ flugon intô heora mûðe.* Doch sagt Ælfric auch II 370,24 *âwurpað forðî hire lufe fram êowrum heortum.*

§ 25. Von eigennamen begegnen nur 2 plurale. I 334,29 *manega Lasaras gê habbað nû licgende æt êowrum gatum.* II 382,34 *ðrý Herodes wê rædað on bôcum.*

§ 26. Plurale von stoffnamen bezeichnen entweder verschiedene arten des stoffes, II 196,3 *on ðâm wêstene næs nân ðæra wætera, þe him tô ðearfe mihte for ðære biternysse.* II 268,33 *ðæt hâlige fant-wæter, þe is gehâten lîfes wellspring, is gelîc on hîwe ôðrum wæterum,* oder grössere mengen des stoffes, II 492,17 *(god) sylð êow rênas of heofenum,* oder sie sind gleichbedeutend mit dem singular. II 516,32 *bestrêowed mid axum.*

§ 27. Plurale von abstracten sind bei Ælfric überaus häufig. Sie bezeichnen a) verschiedene äusserungen oder bethätigungen des abstracten begriffes, II 32,5 *sêo cyrce wearð âfylled mid clypungum ðæs blissigendan folces.* — I 404,28. L. V 211. b) verschiedene arten oder teile des abstracten begriffes, II 220,19 *twâ unrôtnyssa sind, ân is ðêos derigendlîce, ôðer is hâlwendlîc.* II 440,1 *on ðisum twâm geswustrum wæron getâcnode twâ lîf.* II 76,12 *wê magon êac ðâs ylcan mislîcnyssa ðæra foresædra tîda tô ânum gehwilcum men ðurh his ylda tôdælan.* c) eine verstärkung des begriffes, I 530,15 *intô ðâm ŷttrum ðêostrum.* I 604,20 *on oferætum and druncennyssum.* I 612,20 *heofian for middaneardes hryrum.* d) sie sind ziemlich gleichbedeutend mit singularen abstracten. II 162,30 *on heora gesihðum* = in their sight. I 424,18 *ætêowiað his gesihðum eal ðæt wîta-tôl.* II 172,11 *ðæs mynstres getimbrunge.* Aber II 172,11 *ymbe ðæs mynstres gebytlungum.* — L. V 134 *of ðâm hæftum* (haft). L. VII 77 der edele ärgert sich, dass *hêo ôðerne tealde tôforan his gebyrdum.*

In letzterem satze hat das abstractum seine bedeutung gewechselt, es heisst ‚herkunft', nicht ‚before his son'. cf. L. VIII 40 *befrân hî ða æt fruman bê hire gebyrdum.* Agathe sagt: *ic êom æþelborenre mægðe.*

Cap. II. Der casus.

A. Der nominativ.

§ 28. Das prädicat stimmt mit dem subjecte überein. Doch sind folgende ausnahmen zu verzeichnen.

a. Ein subject.

1. Singular-collective können neben singularem auch plurales prädicat haben. I 348,23 *betwux ðâm werode, þe sind throni gehâtene.* I 348,26 *eall ðæt heofenlîce mægen bêoð onǽlede mid his lufe.* II 112,32 *sê mǽsta dǽl ðǽre ðêode his lâre forsâwon.*

2. Bei vorstehendem prädicate ist dem gedanken das subject oft nicht so präsent, wie bei nachstehendem, und es steht daher zuweilen im singular trotz pluralem subjecte. I 314,8 *and wæs ætêowod bufon heora ǽlcum swylce fŷrene tungan.* I 316,9 *him eallum wæs gemǽne heora þing.* II 344,22 *bêo him gesǽd, ǽr hê gewîte, ðâ teartan witu.* II 470,25. L. VI 263 *ôð þæt þǽr gadorod wæs hundtêontig muneca and fêowertig ealles.*

3. Ist das subject ein relativ, so richtet sich das prädicat nach dessen beziehungsworte. Doch sind ausnahmen zu bemerken.

a) I 530,32 *on ðâm unâsecgendlîcum þênungum, þe godes wiðerwinnum gegearcod is.* I 314,12 *êawfæste weras of ǽlcere þêode, þe under heofenum eardiað.* Da kann der plur. durch *ǽlcere* veranlasst sein, oder er kann sich auch auf *êawfæste weras* beziehen.

b) In der verbindung *ǽlc þǽra, þe* ist *þǽra* meistens ein durchaus müssiger, zuweilen sogar sinnloser zusatz, weshalb sich das prädicat auf *ǽlc* bezieht.

Genesis 4,14 *ealc þǽra, þe me gemêtt, mê ofslŷð.* Sinnlos ist *þǽra* in Gen. 4,15 *ǽlc þǽra þe ofslihð Cain, onfêhð seofonfeald wîte.* I 362,21 *ǣlc þǣra þe hine onhefð bið geēadmēt.* II 228,8 *ǣlc þǣra, þe synne wyrcð.*

b. **Mehrere subjecte.**

Sind zwei conjunctiv verbundene substantive subject, so sind folgende fälle neben den gewöhnlichen zu beobachten.

1. Oft bezieht sich das verb nur auf das erste subject und geht diesem voraus oder folgt ihm. I 324,33 *on ðisum dæge sende se ælmihtiga fæder and sē sunu heora begra gâst.* II 232,18 *Abraham forðfērde and wîtegan.* Gen. 31,14 *ðâ andswarode Lia and Rahel cwǣdon.*

2. Auch fand ich teilweise congruenz, singulares verb und plurales participium oder adjectivum. II 40,26 *ðâ wæs ðæt wæter and ealle wellspringas gehâlgode.* I 10,34 *þâ wearð hē and ealle his gefēran forcûðran and wyrsan, ðone ǣnig ôðer gesceaft.*

3. *Fēawa* steht als collectivbegriff auch mit dem sing. II 444,26 *fēawa is ðǣra, ðe mage ðâ hâlgan bēc ðurhsmēagan.*

Anders ist zu erklären I 490,11 *fēawum mannum gelimpð on ðisum dagum, ðæt hē gesundfull lybbe.* Da ist der sing. durch eine steigerung des begriffs veranlasst: kaum einem manne wird zu teil, dass er. Ebenso II 28,35 *fēawa wǣron on ðǣre nēawiste, þe þæt ne gesâwe oððe ne gehyrde.*

§ 29. Der prädicatsnominativ.

Ælfric verwechselt zuweilen den prädicatsnominativ mit dem subjectsnominativ. I 530,22 *ðâ inran ðêostru sind ðǣre heortan blindnys; ðâ ŷttran þēostru is sēo swearte niht ðǣre ēcan geniðerunge.* (*ðēostru* ist in beiden fällen subject.) I 514,30 *middangeard is hēr gecweden ðâ, ðe ðisne âtēorigendlîcan middangeard lufiað.*

B. Die obliquen casus.

I. Was die durch verba regierten casus anbelangt, beschränke ich mich auf folgende bemerkung über den genetiv.

§ 30. Wir beobachten mit dem genetiv die verschiedenartigsten verben, sodass eine unterordnung unter verschiedene gesichtspunkte kaum möglich ist. Es begegnen sowohl ursprünglich intransitive als transitive verben. Was bedeutet nun der genetiv nach diesen? Koch sagt ‚veranlassung und teilweises ergriffensein'. ‚Veranlassung' wohl, insofern er einen alten ablativ vertritt, z. b. bei den verben der affecte, wo er im lat. noch vorhanden. Das ‚teilweise ergriffensein' bedeutet vielleicht dasselbe, was Grimm meint, wenn er sagt, dass die verbindung eines verbs mit dem genetiv in gewissem sinne partitiv sei. Ælfric fühlt diese alten genetive meistens kaum mehr als direct vom verb regierte, als andere casus vertretend. Er fasst die verben als intransitive und der gen. hat für ihn hauptsächlich eine modale, die bethätigung des verbs localisierende bedeutung. In dieser kann er natürlich auch durch präpositionen ersetzt werden. I 42,16 *ealle micclum þæs wundrodon and be ðâm, þe þâ hyrdas gesǽdon.* I 54,11 *ne trûwige nân man be ælmesdǽdum.* I 576,9 *ðéah sê rêða rêafere ûs æt ǽhtum berêafige.* Aber II 120,22 *god þê benǽmð ðînra ǽhta.* II 284,10 *gelŷfan be,* aber II 202,10 *gelŷfan + gen.*

Wie Ælfric die intrans. verben, welche den gen. regieren, daneben auch mit präpositionen gebraucht, so lässt er die trans. verben, welche ursprünglich den gen. regieren, daneben sehr oft mit accusativen auftreten. II 294,24 *hlystan + gen.*, Gen. 4,23 + *acc.* II 330,34 *underfôn + gen.*, L. III 216 + *acc.* II 400,25 *biddan + gen.*, L. V 420 + *acc.* II 308,23 *gewealdan + gen.*, II 544,9 + *acc.*

I a. Der casus des substantivs fügt modale bestimmungen zum verb hinzu. Hier bemerken wir ausser den oft beobachteten folgendes.

§ 31. Der dativ und instrumental.

1. Der dat. steht in instrumentaler bedeutung und giebt das mittel an. Instrumentalformen begegnen hier kaum mehr. Selbst für den dat. treten schon präpositionen ein. II 64,3 *ðâ spræc god ðisum wordum.* II 112,22 *mid ðisum wordum.* II 232,32 *sê bið dêad êcum dêaðe.* II 274,27 *hî næron dêade ðâm êcum dêaðe, ðêah ðe hî gemænum dêaðe forðferdon.* L. IV. 212 *ðâ lîc weollon eall maðon.* II 334,9. II 482,26. Gen. 2,20. L. VI 165.

2. Beide casus bezeichnen die zeit, in der etwas geschieht; meistens mit dem unterschiede, dass der dat. auf die frage ‚wie lange?' antwortet und dauer bedeutet, während der instrumental auf ‚wann?' antwortend, mehr den zeitpunkt bedeutet. a) Dativ. II 490,13 *hî ðrîm geârum ne âbyrigedon ætes ne wætes.* II 368,35 *ic bêo mid êow eallum dagum.* II 286,25 *ôðrum dagum ðû underfênge mê on mînum limum.* b) Der instrumental, welcher öfter endungslos ist. Gram. 148,4 *ic tæce gyt tô dæge oððe sume dæg.* II 134,25 *ðâ gesæt hê sume dæge under sunbêame.* II 206,26 *sê ælmihtiga wyrhta hê gescypð ælce dæg.* II 212,28 *ælce dæge æne.* L. X 23.

§ 32. Der genetiv.

1. Er sagt mit der copula zusammen eigenschaften vom subjecte aus. II 298,16 *hê wæs hâliges lîfes man.* I 30,27 *ðâm, þe bêoð gôdes willan.* II 420,18 *cŷpecnihtas, ðâ wæron fægeres andwlitan and hwîtes lîchaman menn.* II 186,1 *hwæðer hê lîfes wære.*

2. Der genetiv bezeichnet die zeit, in der etwas geschieht. I 80,30 *nû swâ þêah þæs geâres, þe crist âcenned*

wæs. II 328,29 *Job, sê ðe ealle his æhta ânes dæges forlêas.* II 186,22.

II. Der casus hängt ab von substantiven.

§ 33. Das abhängigkeitsverhältnis eines substantivs von einem andern wird durch den genetiv ausgedrückt. Fälle, in denen diese substantivische rection der verbalen gewichen, sind sehr selten. Ich fand L. VIII 52 *gê bêoð þêowan synne and stânum.*

1. Neben dem genetivus subjectivus ist Ælfric der genetivus objectivus ganz geläufig. II 170,7 *godes þênung.* II 326,25 *mid godes ôgan.* Er tritt sogar für ein präpositionales verhältnis ein. II 184,14 *mid hâlgum spræcum ðæs gâstlican lîfes.*

2. Der gen. bezeichnet den stoff, aus dem etwas besteht. II 292,11 (*crist æt*) *gebrædne fisc and hunies bêobrêad.* II 158,17 *on ânum glæsenum fæte on ðâm wæs wînes drenc.* II 196,5 *of ðâm stâne arn ormæte strêam wæteres* II 436,4 *ic þê forgife eall purpuran rêaf.*

3. Interessant ist eine verwendung des gen., in der er den ausgangspunkt bei zeitangaben bezeichnet. I 28,3 *ârâs of dêaðe on ðâm ðriddan dæge his ðrôwunge.* I 28,29 *on ðâm fêowerteogoðan dæge his æristes.* Diese wendungen sind mit *after* zu übersetzen, nicht durch genetive, wie Thorpe das thut: *on the fortieth day of his resurrection.*

Anmerkung. Absolut gebrauchte casus finden sich höchst selten. Ich bemerkte nur folgenden absoluten acc. des alters. II 298,5 (*Philippus*) *gewât siððan, seofon and hundeahtatig geâra, tô ðâm lifigendan drihtne.*

Abschnitt III.

Das adjectiv.

Cap. I. Declination des adjectivs in formeller beziehung.

§ 34. Hinsichtlich der allgemeinen formenlehre ist zu erwähnen:

1. Der nom. sing. fem. der kurzsilbigen und mehrsilbigen zeigt endungslose formen, und so ist dieser casus bei allen adjectiven gleich. II 80,26 *sum ceorung.* I 66,15 *sum wuduwe.* II 8,22 *mennisc gesceapennys.* II 88,33 *micel menigu.*

2. Im nom. plur. hat Ælfric immer *e* für die älteren *u, o, a.* L. X 259 *wlitige mǣdenu.* I 24,35 *ôðre cild.*

3. In der schwachen declination begegnen im gen. plur. nie formen auf *ena* neben denen auf *ra.* Nur wenige male erscheint *an.* II 408,32 *ðæt gemynd his fûlan dǣda.* II 430,12 *nis gode nân nêod ûre gôdan dǣda.* Diese gen. sind durch übertragung aus den übrigen casus mit *an* zu erklären. Ein ähnlicher fall in der substantivdeclination ist L. IV 432 *ðǣra hâlgan lîc* (für *hâlgena*).

§ 35. Phonetisches über die endungen.

In den endungen zeigt sich überall schon eine verdumpfung und schwächung der vocale. Die alttestamentlichen übersetzungen gehen hier in der schrift weiter als die heiligen leben, und diese gehen wiederum weiter als die homilien.

1. *a* für *e* in den hom. recht selten, häufig in den heil. leben. I 550,16 *lârêowas* (gen. sing.). I 6,8 *heofonas* (gen. sing.). II 342,6 *ðurh ânre dûna.* II 228,20 *smêaga* (präs. conj.). L. III 421 *tǣhta* (3. pers. sing. prät.). L. II 431

ic gehŷra. L. V 84 *gê sylfa.* L. IX *sêo êadiga Lucia.* I 4,17.

2. *e* für *a* ebenfalls selten in den hom., häufig in den heil. leben. II 338,19 *sê gewǽpnode engel.* II 492,10 *tigres* (plur.). L. II 244 *ðisne andwerden dæg.* L. III 21 *wyrdwriteres* (plur.). L. V 197 *ealra minre ǽhta.*

3. *æ* für *e* in den hom. nur einmal, selten auch in den heil. leben. I 20,3 *wê forluron þâ gesǽlðæ ûre sâwle nâ ðâ undêadlîcnyssæ.* L. IV 236 *mid heora mæssepréostæ.*

4. *an* für *um* in den hom. und heil. leben vor allem bei adjectiven. II 128,33 *mid singalum gebedum and wæccan.* II 106,1 *be ânfealdan.* L. X 194 *ðâm hǽðenan* (plur.).

5. *um* für *an.* II 106,22 *on þysum ylcum andgite.* II 438,33 *ânum ðâm lǽstum.*

6. *am* für *um* nicht in den hom. Auch in den heil. leben recht selten. L. III 281 *ðâm ðêadlîcam.* L. III 402 *mid mycclum ǽhtam.*

7. *on* für *um* in den hom. nicht selten, häufig in den heil. leben. II 136,24 *æt sumon sǽle.* II 362,14; 16 *dǽl for eallum; dǽl for eallon.* II 502,24 *tô munton.*

8. *on* für *an* häufig in den heil. leben, nicht so in den hom. II 48,31 *on ðâ wîson.* II 94,10 *for godes lufon.* L. III 182 *tô ðâm foresǽdon ealdormenn.* L. IV 148 *bêalon* (inf.). L. VII 153 *êagon* (nom. plur.).

§ 36. Über den wechsel von *um* und *an* bei Ælfric.

I. Verzeichnis dieser vertretungen.

1. *an* für *um* im dat. plur. des schwachen adjectivs ist nicht häufig. II 300,10 *his ǽrran dǽdum.* L. IV 102 *mid his lêofan gebrôðrum.* L. IV 155 *ðâm ðêadan anlîcnyssum.* L. V 412 *mid ðâm fyrmestan.*

2. *an* für *um* im dat. sing. des starken adjectivs. I

12,19 *tô mǽran engle.* II 84,24 *on andwerdan life.* II 456,34 *on cucan orfe.* L. II 283 *tô gemǽnan brîce.*

3. *um* für *an* beim dat. sing. des schwachen adjectivs in adjectivischem und substantivischem gebrauche. II 106,22 *on þysum ylcum andgite.* I 48,27 *ðâm gâstlîcum gefeohte.* II 348,9 *þâm ælmihtigum.* II 438,30 *ânum ðâm lǽstum.*

Anmerkung. In den letzteren beiden fällen erscheint für *um* und *an* auch *on.* II 136,24 *æt sumon sǽle.* L. III 182 *tô ðâm foresǽdon ealdormenn.*

§ 37. Erklärung dieser vertretungen.

1. Das erscheinen von *an* für *um* im dat. plur. des schwachen adjectivs ist auch sonst constatiert und nach Siev. gram. § 304 anm. 2 einfach durch übertragung aus den übrigen casus auf *an* zu erklären. § 34,3 sahen wir ja, dass das *an* des nom. und acc. plur. auch in den gen. eingedrungen ist.

2. Wie erklärt sich aber die im vorigen § unter 2. und 3. gegebene erscheinung, der wechsel zwischen *um* und *an* im dat. sing.? Diese überaus häufige confusion ist das product zweier factoren:

a. der lautlichen verdumpfung und schwächung der endungen,

b. der analogiewirkung.

Der erste factor ist der wichtigste, da ohne ihn diese mischung schwerlich da sein würde. Wenn wir beachten, wie einzelne wörter mit *um, an, on* geschrieben werden (Gram. 286,17 *be ânfealdum,* so meist in den homilien, aber II 106,1 *be ânfealdan.* II 458,27 *be ânfealdon*), wie ferner auch in casus, wo keine analogie wirkte, andere endungen eintraten, (L. VII 153 *êagon* im nom. plur.), wie endlich auch beim verb abschwächung der endungen hervortritt (L. IV inf. *bêaton.* L. I 27,30 prät. *ongunnan*), wo doch die analogiewirkung ausgeschlossen ist, so bleibt uns über die dumpfe aussprache der endungen kein zweifel. Überhaupt sind ja endungen, wie *on, am,* in der declination garnicht durch die analogie geboten.

Durch den zweiten factor aber, die analogiewirkung, nahm diese confusion grade die vorliegende gestalt an. Nur sie erklärt uns, dass grade *um* und *an* wechseln; dass *on* und *am* deshalb nicht weiter um sich griffen, weil sie die declination nicht bot. — Nur im dat. sing. masc. und ntr. konnten verwechslungen von starken und schwachen formen des adjectivs eintreten. In der aussprache jener zeit wurde *um* von *an* kaum mehr geschieden. Als die gestalt der endungen somit nicht einfach durch die aussprache an die hand gegeben wurde, konnte nur die bekanntschaft der schreiber mit einer alten, guten literarischen tradition solche feinen unterschiede, wie die zwischen starker und schwacher adjectivdeclination, in ihren schriften halten. (Das ist mit rücksicht auf den dat. sing. gesagt, denn in den übrigen casus, z. b. im gen. sing. msc., im gen. und dat. sing. fem. waren die endungen characteristisch genug, um nicht verwechselt zu werden.) — Jenachdem die bekanntschaft der schreiber mit dem unterschiede zwischen *um* und *an* im dat. sing. eine grössere oder geringere war, musste sich natürlich das auftreten von *um* und *an* verschieden gestalten. So erklärt es sich auch, dass bei dem schreiber der homilien die confusion von *um* und *an* recht gut eine grössere sein konnte als bei dem der heil. leben, trotzdem ersterer die endungen im allgemeinen viel genauer schreibt als letzterer. Wenn der schreiber der heil. leben auch weniger sorgsam schreibt, konnte er immerhin doch *an* und *um* besser zu scheiden wissen.

Endlich mag directe attraction für die confusion von *um*

und *an* nicht ohne bedeutung gewesen sein in fällen wie II 442,13 *ðisum wræcfullum life.* II 84,23 *ðisum andwerdum dæge.*

Cap. II. Die declination des adjectivs, abhängig von seiner syntactischen verwendung.

§ 38. Über die adj., welche nur starke oder schwache formen haben, cf. Siev. gram. § 291 anm. Zu den dort genannten adjectiven ist hier noch *âgen* hinzuzufügen (II 6,19 *mîn âgen bearn*), welches nur stark flectiert.

§ 39. Nach Lichtenheld (cf. Zs. f. d. A. neue folge bd. 4) hängt in der ältesten altenglischen zeit das eintreten der schwachen form hauptsächlich von der bedeutung ab, indem jene da auftritt, wo die bedeutung des adjectivs für die erzählung oder die anschauungsweise des erzählers eine hervorragende ist, oder wo es emphatisch gebraucht ist. Das gefühl für diese bedeutung des schwachen adjectivs verlor sich sehr früh. Bei Ælfric ist keine spur mehr von ihm. Bei ihm hängt die verwendung der schwachen form lediglich von äusseren umständen ab, sie ist eine formelle geworden. Artikel, demonstrativ, possessiv, genetiv und zuweilen der unbestimmte artikel und *sum* fordern die schwache form. Sehr deutlich wird uns diese formelhafte abhängigkeit von vorstehenden worten beim vocativ, wo sich die alte, schwache, in der emphase begründete form nur da hält, wo sie sich an die anredepronomina *ðû* und *gê* anklammern kann. Eine folge des formelhaften characters dieser abhängigkeit ist es auch, dass die, die schwache form veranlassenden worte immer dicht bei ihr und immer vor ihr stehen müssen.

A. Das prädicative adjectiv.

§ 40. Der positiv.

1. Das prädicative adjectiv in engerer beziehung, d. h. ohne art. nach der copula und copulativen verben stehend, hat immer starke formen, ist in Ælfric's sprache also im sing. der a-declination flexionslos, im plur. hat es *e*. II 20,34 *ðû eart micel and mǽre, þe wundra wyrst.* L. V 4 *hê wæs swîðe snotor wer, and sôðfæst on sprǽce, getrêowe on nêode, and strang forðingere.* II 6,30 *micel wæs Johannes êadmôdnyss.* II 306,3 *his môder wæs cristen.* II 484,29 *gê sind ælþêodige and þearfan.*

2. In den übrigen prädicativen stellungen hat das adjectiv ebenfalls immer starke form. So: a) die prädicativen nom. oder acc., welche die einem subjecte oder objecte bei einer thätigkeit zukommende eigenschaft bezeichnen. II 258,27 *hî ansunde ârison.* II 256,18 *ðes sceaða gesǽlig sîðode tô heofenum.* II 450,29 *hê lǽfde ǽnne cucenne.* II 416,28 *lǽt hine gân frigne.* b) Prädicative acc. des adjectivs erscheinen auch nach den verben des sinnlichen und geistigen erkennens. II 28,26 *hêo âfunde ðone hring gehâlne.* II 28,29 *and trûwode hire hǽle tôweard.* Hier erwartet man ‚*tôwearde*' wie II 124,5 *godes swingle, ðe wê on ǽr tôwearde ondrǽdan sceoldon.* c) Nach factitiven verben. L. X 44 *dô ðê gearowne.* I 10,18 *god gesceôp hi ealle gôde.*

§ 41. Der superlativ zeigt nur starke formen. Im nom. sing. machen sich für die ältere zeit flexionslose formen bemerkbar. Von solchen kann bei Ælfric nicht die rede mehr sein, da die superlative bei ihm, wie mehrsilbige adjective, regelrecht ohne endung erscheinen. II 462,32 *sê man is, ðe gode geðîhð, ealra gesceafta rôtost and gode lêofost.* L. III 11 *sêo* (Athen) *wæs þâ brêmost on lâre and Eubolus sê ûðwyta*; *þe þǽr yldost wæs on wîsdome.* II 80,31 *þus bêoð þâ endenêxtan fyrmeste, and ðâ fyrmestan endenêxte.*

B. Das attributive und appositive adjectiv.

§ 42. Ohne art. steht das adjectiv in attributiver und appositiver stellung immer in der starken form. II 18,5 *stiðlîc hrêohnys.* II 22,5 *mid gâstlîcere blisse.* II 84,29 *Babiloniscum cyninge.* L. X 257 *tô ânum mǽdene, unmihtigum tô wîge.* II 392,24. II 204,14. Die folgenden fälle sind nach § 37,2 zu beurteilen. II 62,13 *mid ansundan bearne.* II 66,27 *on andweardan lîfe.* II 456,34 *on cucan orfe.* L. VI 332 *binnan lytlan fyrste.* L. II 283 *tô gemǽnan brîce.* I 12,19 *tô mǽran engle.*

§ 43. Mit dem unbest. art. hat das attributive adjectiv dem sonst üblichen gebrauche gemäss meistens starke formen. II 26,28 *ân êawfæst mynecenu.* II 28,34 *ân wundorlîc tâcn.* II 352,11 *ǽnne bealdne þêof.* Daneben fand ich, allerdings höchst selten, schwache formen. II 160,22 *on ânes blâcan cildes hîwe.* L. III 82 *tô ânre wîdgyllan byrig.* L. VII 346 *on ânre lytlan byrig.*

Besonders zu stellen sind drittens fälle, wie die folgenden. I 582,24 *ânum þurstigan menn.* II 162,10 *intô ânum dêopan sêaðe.* II 178,21 *on ânum lytlan glæsenan fæte.* L. VII 275 *on ânum gewealdenan butruce.* Hier bietet sich kein absolut sicherer massstab für die beurteilung. Man könnte die adjective schwach nennen, da ja die 3 vorhin genannten beispiele untrüglich schwache formen sind. Doch möchte ich sie lieber nach § 37,2 als starke formen fassen. In 2 fällen fand ich solche auch wirklich: II 106,15 *ânum ðurstigum menn.* II 158,16 *mid ânum glæsenum fæte.*

§ 44. Dieselben erscheinungen, wie ich sie eben für das adjectiv nach *ân* constatierte, zeigen sich auch nach *sum.*

Interessant ist, dass auch hier die schwache form begegnet. 1. Starke formen: II 104,14 *sum welig man.* II 106,8 *sum earm wydewe.* 2. Schwache formen: II 438,9 *into sumere êaðelîcan byrig.* L. X 9 *sum wælhrêowa dêma.* In II 164,29 *sum ormæ̂ta stân* kann *a* für *e* stehen. 3. Wahrscheinlich stark sind: II 104,13 *be sumon rîcan menn.* II 156,13 *sumum ârwurðan prêoste.* L. VII 384 *tô sumum hâlgan were.* L. X 78 *mid sumum gelŷfedan menn.*

§ 45. Mit dem best. art. und demonstrativpronomen hat das adjectiv die schwache form. Zu beachten ist, dass das adjectiv zwischen art. und substantiv stehen muss, sonst stehen starke formen. II 6,20 *sê ælmihtiga cyning.* I 190,35 *ðæs ælmihtigan godes.* II 62,32 *þurh ðis dêope andgit.* II 84,27 *þyssere andweardan tîde.*

Hier wird sehr häufig *um* für *an* angetroffen. In einigen verbindungen ist *um* sogar viel häufiger als *an.* In manchen fällen konnte ich dieselben verbindungen mit *um* und *an* belegen. Seltener, in den homilien überhaupt kaum, erscheint *on* für *an.* I 122,33 *ðâm gehæ̂ledum hrêoflian.* II 84,23 *ðisum andwerdum dæge.* II 86,12 *ðisum andwerdan dæge.* II 100,34 *ðâm ælmihtigum gode.* II 306,24 *ðâm mihtigan.* Fast immer: II 102,5 *ðâm micclum dôme*, aber II 106,23 *ðâm micclan dôme.* II 556,1 *ðâm incundan andgite.* II 556,8 *ðâm incundum andgite.* Wie schon gesagt, ist der wechsel von *um* und *an* in den lives nur gegen ende häufiger. L. II 418 *ðâm heofenlîcum werode.* L. XI 186 *on ðisum dêopum flôde.* *On* endlich fand ich nur in den lives und da auch im acc. L. III 182 *ðâm foresæ̂don ealdormenn.* L. III 192 *ðone geyrsodon câsere.* Der wechsel von *um* und *an* fand also nur im dat. statt. Nur einmal fand ich L. VI 139 *ðone halgum benedictum,* wo vielleicht das *um* des eigennamens das des adjectivs attrahiert hat. Cf. auch: *sanctum Benedictum.*

Corrumpiert sind die folgenden endungen. II 478,23 *ðæt cristen folc.* L. VIII 232 *tô ðâm êce lîfe.* L. IV 40 *þes wynsuman bræð.* I 284,1 *sê hâlgan gâst.* Wollten wir die beiden letzteren fälle nicht einfach für graphische fehler nehmen, so hätten wir in ihnen 2 interessante belege einer übertragung von dem *an* der obliquen casus auf den nom. sing.

§ 46. Das attributive adjectiv nach dem possessivpronomen.

Die possessivpronomina haben stets die schwache form nach sich. Nach § 37,2 sind zu beurteilen: II 200,18 *on ûrum gâstlîcum fulluhte.* II 210,24 *ûrum flæsclîcum gecynde.* L. VII 167 *tô heora bysmorfullum hlâforde.* Nach § 37,1: L. IV 366 *tô his lêofostan godum.* II 300,10 *his ærran dædum.*

§ 47. Die schwache form des adjectivs erscheint auch nach genetiven. Diese gen. müssen aber voranstehen. Bei nachstehenden gen. steht das adjectiv in starker form. II 156,8 *on ðæs munuces sôðan lufe.* II 162,34 *þæs ârlêasan prêostes nîðfullan êhtnysse* (acc.) II 468,7 *ðurh godes micclan cyste.* II 478,12 *tô ðînes suna, hælendes cristes clænan geðêodnysse.* Aber: L. IX 56 *wîsum godes þêowum.* II 290,34 *of ýðigendre sæ þyssere worulde.*

§ 48. Das attributive adjectiv im vocativ.

Nach Lichtenheld's theorie ist vor allem hier die schwache form zu erwarten, da jeder vocativ emphatisch ist. Aber wir finden sie bei Ælfric merkwürdiger weise nur vereinzelt. Ich sage ‚merkwürdiger weise', denn die schwache form hat sich sehr wohl bis in Ælfric's zeit erhalten. Noch bei Wulfstân liest man: 289,16 *lêofa man.* 289,17 *lêofa cild.* 6,3 *lêofan men.* 49,18 *lêofan cild.* Anders gestalten sich die vocative bei Ælfric.

1. Im positiv ist die starke form schon durchaus durchgedrungen. Die schwache form vermag sich nur im anschluss an die anredepronomina *ðû* und *gê* zu halten, ein beweis für den formelhaften character ihres auftretens. I 372,21 *ðû lêofa drihten.* I 378,5 *ðû gôda cyning.* II 400,4 *Eala! þû gôda lârêow.* II 518,13 *þû wælhrêowe nŷten.* L. III 546 *ðû sôðfæsta drihten.* Aber: I 386,10 *hwæt eart þû, lêof hlâford?* II 114,23 *lêof drihten.* II 114,4 *drihten lêof.* II 428,29 *god ælmihtig.* L. VII 225 *ondrædendlic scyppend.* Plurale vocative mit adjectiven habe ich nicht gefunden. Das adjectiv hat auch starke form, wenn es nicht unmittelbar hinter *þû* steht. II 552,19 *Eala! þû gôda þêowa and getrŷwe.* II 554,7 *þû yfela þêowa and slêac.*

2. Im superlativ scheinen bei adjectivischem gebrauche mit dem pronomen nur schwache formen zu stehen. Formen ohne das pronomen habe ich nicht gefunden. II 300,4 *ðû rihtwîsosta wer.* II 496,13 *þû wyresta dêofol.* Noch ausdrucksvoller ist der superlativ mit dem art. So in der anredeformel vor den predigten: II 480,29 *men, ðâ lêofostan.* II 4,19 *mîne gebrôðra, ðâ lêofostan.*

§ 49. Ich schliesse hier gleich das substantivisch gebrauchte adjectiv im vocativ an. Im allgemeinen ist zu sagen, dass sich dies genau so verhält wie das attributive, d. h. 1. alleinstehend hat es starke formen. II 108,24 *lâ, lêof.* II 252,28 *sŷ þû hâl, lêof.* L. III 536 *ic côm tô ðê, lêof.* I 316,37 *geâ, lêof.* 2. Mit dem anredepronomen *ðû, gê* erscheinen schwache formen. II 310,7 *þû earma.* L. V 396 *Eala, gê ungesæligan,* aber L. preface 38 *þû lêof.* cf. Wulfstân 289,21 *geâ lêof.* 261,3 *þû dysiga and þû gedweleda.*

§ 50. Das adjectiv in substantivischem gebrauche.

1. Ohne art. erscheinen starke formen. Die vielen zu substantiven gewordenen adjective haben natürlich schwache formen. II 442,14 *wê sceolon ðâ hungrian fêdan, nacode scrŷdan, cuman underfôn, hæftlingas ûtâlŷsan, ðâ ungeðwǣran gesibbian, untrume genêosian, dêade bebyrian.*

2. Mit dem unbest. art. steht die starke form. II 26,20 *twegen landes men and ân ælþêodig.* II 252,9 *ænne scyldigne.*

3. Mit dem best. art. und demonstrativum treten schwache formen ein. I 4,22 *ðâ hâlan.* I 16,22 *ðone unwaran.* II 90,29 *sê yfela.* II 56,31 *ðâ Judeiscan.* I 40,27 *ðæt hwîte ne bið gemenged tô ðâm geolcan.* Nach § 37,2 II 348,9 *ðâm ælmihtigum* neben II 440,24 *ðâm ælmihtigan.* L. XI 99 *ðâm rêðum.* II 438,30 *þisum lǣstan.*

Abschnitt IV.

Das zahlwort.

Cap. I. Die cardinalzahlen.

§ 51. *ân* als zahlwort.

ân hat, dem allgemeinen gebrauche folgend, fast immer starke formen, sowohl substantivisch als adjectivisch gebraucht. I 174,24 *mid ânum worde.* I 20,31 *wyrc þê nû ænne arc.* II 18,15 *ân þǣra wæs Sibylla.* I 82,12 *þôhte, gif hê hi ealle ofslôge þæt sê ân ne ætburste, þe hê þôhte.* Liegt auf dem *ân* ein nachdruck, so erscheint zuweilen die schwache form. I 338,32 *sôhte þæt ân sceâp, þe him ætwunden wæs.* L. I 19 *sê ân wyrhta.* L. I 38 *on ðisne enne god.* L. I 41 *þæs ân scyppend.* Sogar: L. I 92 *sêo ân sâwul is æðelboren, þe þonne lufað, þe hêo fram côm.* Aber: L. I 32 *sê âna ælmihtiga god.* II 598,10 *ic andette ðâ ânan hâlgan and ðâ gelêaffullan and þâ apostolican gelaðunge.* Für diese beiden sätze könnte man mit recht annehmen, die schwache form von *ân* sei durch die folgenden veranlasst. Als schwaches zahlwort möchte ich *ân* aber auch fassen: II 440,14 *efne, ðâ gesceafta sindon swiðe gôde, ac sê âna is betere, ðe hî ealle gescôp.* Thorpe: *Lo, the creatures are very good, but he alone is better who created them all.* Ich fasse *sê âna* lieber als ein nachdrucksvolles ‚der eine'. Incorrect ist L. III 633 Basilius sandte das sündige weib *mid þǣre ânre synne tô Effremme, þæt hê ðâ ân âdylegode*, wo *âne* für *ân* stehen sollte. Prädicatives *ân* ist stark. I 326,4 *ân is sê ælmihtiga god.*

§ 52. *ân* in der bedeutung ‚allein'.

1. *ân* in der bedeutung ‚solus' ist im nom. sing. masc. scheinbar schwach, in den übrigen casus des sing. und im ganzen plur. stark flectiert. I 392,34 *hê âna.* I 20,28 *ic wylle gehealdan þê ǣnne.* II 174,8 *tô him ânum wê sceolon ûs gebiddan.* II 10,14 *bûton hire ânre.* II 216,20 *gif gê þâ âne lufiað, þe êow lufiað.* II 2,16 *þǣra ânra, þe Angelcynn mid frêolsdagum wurðað.* I 494,35 *bûton ðrîm ânum.* Gram. 158,9 *âne twâ word synd ðǣre fêorðan geðêodnysse.* Starke formen begegnen auch nach dem possessivpronomen. I 82,10 *for his ânes êhtnysse.* II 304,30 *for his ânes dêaðe.*

2. Erstarrte formen von *ân.*

a) *ânum* scheint erstarrte form zu sein in I 24,35 *hit wêox, swâ swâ ôðre cild dôð, bûton synne ânum.* I 588,14 *nâht mid him ferigende, bûton synna ânum.* Hier steht *ânum* also bei einem acc. sing. und acc. plur. des fem.

Thorpe übersetzt den ersteren satz *without any sin*, während es heissen muss *only without sin* = nur, dass er sündlos war.

b. *âna* für ein appositives oder prädicatives adjectiv. II 340,20 *ne lufode hê woruldlice æhta for his nêode âna.* L. I 148 *þurh þæt gesceâd âna.* II 350,20 *mîn lâttêow mê þær âna forlêt.* II 354,7 *ðâðâ ic ðê âna forlêt.* II 130,2 *þâ þing âna* (acc.).

c. *âna* ist rein adverbial, wie es me. als *one* erscheint, in Ælfrics schriften nicht zu finden. Doch zeigen sätze, wie die ersten beiden unter b. citierten, deutlich, wie leicht der übergang zum adverbium war.

3. Alle eben genannten sätze haben *âna* als erstarrte form. Ich führe nun noch solche an, in denen es möglicherweise nur andere schreibung für *âne* sein könnte.

a. nom. sing. fem. und ntr. I 148,19 *hwæt mihte sêo gôdnyss âna.* I 552,33 *sêo êhtnyss âna.* II 62,26 *sêo menniscnys âna.* II 102,5 *mildheortnys âna.* II 346,28 *sêo sâwul âna.* Im ntr. II 386,31 *ðæt hêafod âna.* L. V 63. — Im nom. sing. fem. und ntr. habe ich nur formen mit *a*, nie mit *e* gefunden.

b. nom. und acc. plur. aller geschlechter. I 396,2 *gif ðâ twelf mægða âna bêoð gedêmede..., hwæt dêð ðonne sêo ðrêotteôðe mæigð, Levi?* L. III 521 *eala! gif ic hæfde ðîne synna âna.* I 66,13 *synna âna mid him ferigende.* Gleiche fälle mit *âne* siehe § 52,1.

Ich führte diese beispiele gesondert an, da man in allen *âna* für blosse schreibweise von *âne* halten könnte. Mit den § 35,1 angeführten schreibungen (*-a* für *-e*) hätte man aber eben nur die möglichkeit einer solchen vertretung bei Ælfric erwiesen, nicht ihr häufiges oder ausschliessliches auftreten erklärt. *A* für *e* in der endung ist, wenigstens für die homilien, eine recht seltene erscheinung, dagegen *âne* bemerkte ich für das fem. und ntr. sing. garnicht, für den plur. nur selten. Daher halte ich *âna* in allen unter 2. und 3. in diesem § gegebenen fällen für eine erstarrte form. Es ist dieselbe, welche me. als *one* (2silbig) existiert und am ende des 13. sc., sich mit *all* verstärkend, *alone* ergiebt.

Wie entstand nun dies *âna?* Ich glaube dadurch, dass man die schwachen formen von *ân* in der bedeutung ‚solus' nicht mehr verstand. Wir sahen schon, dass das auftreten der schwachen form beim adjectiv allein von äusseren umständen abhängt. Sie hält sich bei Ælfric nur da, wo sie sich an gewisse worte anklammern kann. In zwei fällen nun verdankte sie in der alten zeit lediglich ihrer nachdrucksvollen bedeutung den platz, im vocativ und als *âna* = solus. Hier war ihre existenz daher auch am gefährdetsten. Im vocativ hielt sich die alte form wenigstens noch in einigen fällen, nämlich da, wo sie sich auf die anredepronomina *þû* und *gê* stützen konnte. In der stellung als *âna* = solus bot sich ihr aber nichts derartiges. *ân* in dieser bedeutung scheint jener zeit überhaupt schon nicht recht geläufig mehr gewesen zu sein. Noch viel weniger aber begriff man, weshalb grade in einem casus eine schwache form stehen sollte. *âna* erstarrte und gewann bald eine weitere verwendung dadurch, dass es sich in der aussprache jener zeit kaum von *âne* unterschied und so diese form im nom. sing. fem. und ntr. und im nom. und acc. plur. aller geschlechter verdrängte. Diese casus scheinen in der that *âna* zuerst aufgenommen zu haben und von ihnen aus drang es in die übrigen casus ein. Dieser ansicht gemäss halte ich auch das § 52,1 angeführte *âna* im nom. sing. für eine erstarrte form, die nicht mehr als eine schwach flectierte von *ân* gefühlt wird, und von der alten schwachen flexion von *âna* = solus bleibt somit nichts als ein erstarrtes *âna*.

§ 53. *Twegen, begen, bû tû.*

1. Für Ælfric heisst zwei im masc. *twegen*, im fem. und ntr. *twâ*. In zusammengesetzten zahlen erscheint auch bei masculinen *twâ*. I 178,23 *twâ and fêowertig daga*. II 214,10 *twâ and ðrŷtig cyninga*. I 26,5.

2. *Begen*. I 74,6 *hî þâ begen þone apostol gesôhton*. I 134,6 *heora begra lufu*. I 422,7. Ælfric ersetzt in seiner Gram. 35. 36 die femininen und neutralen formen von *begen* durch *bû tû*, dessen masc. und fem. *bâ twâ* verschwand. Auch in seiner prosa erscheint nie *bâ twâ*. I 18,10 *hî bû tû* (Adam und Eva). I 200,35. II 438,17 *hî bû tû* (Martha und Maria). Neben *begen* braucht Ælfric für ‚beide' auch *twegen*. I 376,30 *on his twâm slŷfum*. I 468,1. I 564,14 *þâ cwǣdon his twegen leorningcnihtas, Februs and Cornelius*. II 338,20 *ðâ ôðre twegen him flugon on twâ healfa*.

§ 54. Die zahlen 4—19.

1. Bei attributivem gebrauche sind diese zahlen in der regel nicht flectiert. Gram. 285,15 *fêower sîðon* u. s. f. bis *tŷn sîðon*. Gram. 287,16 *þrêora geâra fyrst, fêower geâra fæc*. Gram. 28,1 *fîf ceorla ealdor*. I 202,2 *on six mônðum*. Gram. 12,5 *aries is ân þǣra twelf tâcna*. Flectiert fand ich nur: I 26,23 *ân ðǣra twelfa cristes gefêrena*. I 586,8 *nû wille wê êow secgan ðâ getâcnunge ðǣra fêowera apostola namena*.

2. Alleinstehend sind sie teils flectiert, teils nicht. Gram. 283,9 *frâm tŷn tô tŷnum*. Gram. 284,6 bini = *twâm and twâm*, terni = *þrîm and þrîm*, quaterni = *fêower and fêower*. Gen. 41,29 *nû hêr cumað seofon swîðe wǣstmbǣre geâr, and þǣr æfter cumað ôðre seofone*.

§ 55. Die *tig*-zahlen.

1. Attributiv haben die *tig*-zahlen im gen. *-tigra*, im dat. *-tigum, -tigon*. I 28,6 *geond fêowertigra daga fyrst*. I 68,20 *æfter ðrîtigra daga fæce*. Gram. 28,1 centumvir =

3*

hundtēontigra manna ealdor. Gram. 285,15 *tȳn sīðon,* aber *twentigon sîðon* bis *hundnigontigon sîðon.*

2. In substantivischem gebrauche fand ich nur nom. und acc., die natürlich keine flexion haben. I 76,18 *fêowertig geâra.*

§ 56. *Hund.*

Hund wird niemals flectiert. *Hundred* ist teils flectiert, teils nicht. Numeri 1,45 *fîf hundred and fîftig.* Numeri 2,32 *fîf hundrydo and fîftig.*

§ 57. *Þûsend.*

Þûsend wird von Ælfric noch durchaus als substantiv gefühlt und deshalb begegnet es nie in attributivem gebrauche, abgesehen von adverbialen ausdrücken, wie: Gram. 286,12 *milies ðûsend sîðon.* Als substantiv kann *ðûsend* mit und ohne gen. stehen. Bekanntlich ist es in der älteren zeit meistens flectiert. Nicht so bei Ælfric. Bei ihm zeigt sich im princip schon derselbe unterschied zwischen flectierter und nicht flectierter form, wie im ne. Da, wo die substantivische natur entschieden hervortritt, hat *ðûsend* flexion. Ist es dagegen mehr adjectivisch gebrauchter zahlenbegriff, so ist es nicht flectiert. Dass die gebiete von flectierten und unflectierten formen nicht so abgegrenzt sind, wie in der heutigen sprache, bedarf kaum der erwähnung, und so hat auch das folgende besonders den zweck, zu zeigen, dass überhaupt bei Ælfric ein unterschied zwischen den formen gemacht wird.

1. *Þûsend* ist substantivischer natur, wenn es allein steht und weniger zahlenbegriff als collectivbegriff ist, d. h. wenn es nicht 1000 mal eine einheit bedeutet, sondern nur die gesammtheit 1000. II 246,28 *wise men tealdon ân eorod tô six ðûsendum, and twelf eorod sind twâ and hundseofontig ðûsend,* wie wir sagen könnten: ‚rechneten eine legion zu

6 tausenden, und 12 legionen sind 72000'. Gram. 284,15 *þûsendum and þûsendum.* L. V 221 nicht einen *of ânum þûsende.*

2. Substantivischer begriff ist *ðûsend* auch, wenn es überhaupt keine bestimmte zahl, sondern nur eine grosse menge bezeichnet. In diesem falle ist es also flectiert. I 348,2 *þûsend þûsenda ðênodon þâm heofonlican wealdende and tên þûsend sîðan hundfealde ðûsenda him mid wunodon.* Diese bedeutung liegt auch meistens in *ðûsend*, wenn wörter wie *manega*, *fela* davor treten. I 402,34 *fela ðûsenda mid hungre wurdon âcwealde.* Sogar mit folgendem gen. I 108,26 *fela ðûsenda gelŷfedra manna.* Doch können hier auch die einheiten der gesammtheit wieder mehr hervortreten. I 38,5 *fela þûsend engla*, neben: II 334,16 *manega ðûsenda engla*, etwa, wie wir scheiden ‚manche tausende von engeln', und ‚viel tausend engel'. Ebenso: II 540,24 *fela ðûsend martira.* II 246,28 *twelf eorod sind twâ and hundseofontig ðûsend. swâ fela ðûsend engla mihton êaðe bewerian crist* etc. *Þûsend* ist hier nicht flectiert, weil *swâ fela* nur den concreten zahlenbegriff vertritt.

3. Ist *ðûsend* lediglich zahlenbegriff, was besonders der fall ist, wenn eine bestimmte cardinalzahl vorhergeht und ein gen. folgt, so steht es wohl immer in nicht flectierter form. Hier tritt ne. das adjectivische und daher unflectierte thousand ein. Bei Ælfric musste der gen. nach *ðûsend* folgen, weil es eben nur substantiv ist. Dem sinne nach ist es aber auch da schon adjectivisch gebraucht. I 316,2 *þréo þûsend manna* ist ‚three thousand men', nicht ‚three thousands of men'. I 182,16 *fîf ðûsend wera.* I 72,7 *twelf ðûsend hæðenra manna.* I 596,23 *mâ, ðonne twentig ðûsend manna.* II 458,15. Aber: I 404,14 *þæra cnapena, ðe binnan sixtŷne geâra ylde wæron, hundnigontig ðûsenda hi tôsendon tô ge-*

hwilcum lêodscipum, da bei dieser stellung des gen. *ðûsend* nicht als adjectiv erscheint, was der fall wäre in *hundnigontig ðûsend cnapena.*

§ 58. Rection der cardinalien.

Aus dem gesagten ergab sich schon, dass die zahlen neben adjectivischem gebrauche auch als substantiva auftreten und den gen. regieren können. Bei zusammengesetzten zahlen steht der gen. meist nach beiden teilen (I 20,9 *nigon hund geâra and þrittig geâra*), oder nur nach dem ersten (I 24,9 *þrêo hund geâra and þrêo and þrittig*). Auch in einem satze kann substantivische neben adjectivischer rection stehen: L. VI 348 *ân hund muneca and sixtŷne munecas.* Gen. 14,14 *þrêo hund manna and eahtatŷne men.* Endlich kann das substantiv in ein appositives verhältnis zu dem zahlwort treten. L. IV 65 *twegen his hâlgan.* L. V 367 *mid fêower his gefêrum.* Zup. XIII 11 *twâ ðâ betstan tyccenu.* I 492,34 *be swylcum cwæð sê hælend tô ânum his gecorenan.*

Cap. II. § 59. Die ordinalien.

1. Die flexion der ordinalien (excl. *ôðer*) ist die schwache. Ohne bestimmten art. begegnen sie selten. Auch der unbest. art. kommt vor. II 218.20 *sê forma hêafodleahtor is gŷfernyss*, dann weiter: *sê ôðer, þrydda, fêorða, fifta, sixta, seofoða, eahtêoða.* (Die form *eahtêoða* vertritt bei Ælfric fast immer das regelmässige *eahtoða.*) I 454,13 *sêo forme India..., sêo ôðer, sêo ðridde.* II 208,26 *ðæt eahtêoðe bebod.* II 218,13 *Josue and Israhela folc oferrunnon seofon þêoda: eahtoðe wæs Pharao, þe ǽr mid his folce âdranc.* II 334,8 *ân þridda engel.* In den aus einern und zehnern zusammengesetzten ordinalzahlen flectiert Ælfric nur die letzteren. I 382,26 *on ðâm six and þrittegoðan geâre.*

2. In prädicativem gebrauche bemerkte ich dieselben schwachen formen. I 44,16 *Stephanus wæs sê fyrmesta, ôðer Philippus, ðridda Procorus, fêorða Nicanor, fifta Timotheus, sixta Parmenen, seofoða Nicolaus.*

Wenn grade *fyrmest* hier eine ausnahme macht, so erklärt sich das einfach dadurch, dass es eigentlich ja adjectivischer superlativ ist und als solcher stark flectiert nach § 41. Es bedeutet zuerst nur qualität, während *forma* den ersten platz in einer reihe bezeichnet. I 134,1 *gelêafa is ealra mægena fyrmest* = die vorzüglichste aller tugenden. Als adjectivischer begriff bildet es auch einen plur. I 518,20 *Michael, ân ðæra fyrmestra ealdra* = einer der an rang hervorragendsten. *Fyrmest* steht jedoch auch in entschieden ordinierender bedeutung: I 100,27 *sê mônan-dæg nis nâ fyrmest daga on þære wuca, ac is sê ôðer.*

§ 60. Zahladverbia.

1. Cardinalzahl-adverbia existieren als besondere bildungen für die ersten drei. Die übrigen und auch nebenformen zu diesen drei werden mit *sîð* gebildet. Gram. 285,13 *æne, tûwa, þrîwa, fêower sîðon.* I 24,28 *tûwa.* I 290,8 *ôðre sîðe.* II 214,34 *seofon sîðon.*

Anmerkung. An einer stelle fand ich *æne* in der bedeutung des ‚einmal' unseres fabelnanfangs ‚es war einmal'. II 518,11 *gelôme hê tôwearp gehwær hæðengyld. Þâ wolde hê æne ân eald hûs tôcwysan. æne* steht dem *gelôme* gegenüber und heisst ‚einmal, einst'. Thorpe übersetzt falsch ‚He would than alone destroy'.

2. An ordinalzahladverbien fand ich nur II 146,31 *on nânum heolstrum heofenan oððe eorðan, oððe sæ þriddan.*

Abschnitt V.

Das pronomen.

Cap. I. Das personalpronomen.

A. Das personalpronomen mit rücksicht auf die durch es vertretenen einzelwesen.

§ 61. Bei Ælfric existiert auch noch der dual, der ihm so geläufig ist, dass er sich kaum eine gelegenheit, ihn zu gebrauchen, entschlüpfen lässt. L. IV 43 *gif wit ðurhwuniað on ansundum mægðhâde and hine clǽnlîce lufiað, þonne cume wit tô his rîce and wit ne bêoð tôtwǽmde.* I 362,15 *hê hylt mîn bebod, and mîn fæder hine lufað, and wit cumað tô him.* I 374,23 *gyt siððan samod tô mînum rîce cumað.* Allerdings werden die dualformen auch durch hülfswörter bezeichnet, und es erscheint sogar schon das mehrere einzelwesen bezeichnende pronomen. L. VII 412 *ic inc begen ofslêa.* Gen. 41,11 *þâ mætte inc begen swefen ânre nihte.* I 316,34 *ðâ cwæð Petrus, secge mê, becêapode gê ðus micel landes? hwi gewearð inc swâ, þæt gyt dorston fandian godes?*

§ 62. Das mehrheitspronomen der ersten person vertritt auch ein einzelwesen. Der im mittellat. häufige pluralis majestaticus bei hohen personen scheint Ælfric nicht ganz fremd zu sein, wenn diese auch in den allermeisten fällen im sing. von sich reden. Gregorius: II 128,6 *gehýrsumiað êadmôdlîce Augustine, ðone þe wê êow tô ealdre gesetton.* I 418,32 *witodlîce, wê beorgað ðînre ylde, gehýrsuma ûrum bebodum.* I 428,20. Sehr häufig redet Ælfric von sich im plur. Daneben findet sich auch oft der sing. II 2,17 *ætforan ǽlcum cwyde wê setton ðâ swutclunge on lêden.* I 580,26 *ic wêne, þæt þâs word ne sind êow fullcûðe, gif wê hi openlîcor êow ne onwrêoð.*

§ 63. *Hê* = man.

Hê wird sehr häufig gebraucht, um das unbestimmte pronomen *man* wieder aufzunehmen. II 340,12 *nis nâ genôh, þæt man his nêxtan gôd dô, bûton hê hine lufige swâ swâ hine sylfne* = es ist nicht genug, dass man seinem nächsten gutes thue, wenn man ihn nicht liebt, wie sich selbst. II 590,20 *þâ lêohtan gyltas sind ŷdele spræca and þæt man on æte and on wæte underfô mâre, þonne his lîchaman nêod sŷ, and þæt hê oftor wîfes brûce, ðonne hê dô for bearnes gestrêone, and þæt man cŷde bûton stêore intingan, oððe ôðrum ôlæce, oððe man biddendne þearfan misræce, oððe ær mæle hine gereordige.* L. I 237 *wîtodlîce þæt is sôð wîsdôm, þæt man gewylnige þæt sôðe lîf, on ðâm ðe hê æfre lybban mæg mid gode.* I 394,9. II 288,19. II 602,20. Auf diese bedeutung von *hê* ist nirgends hingewiesen, und so wird sie auch durch unsere übersetzer, sowohl durch Thorpe als die übersetzer der lives, stets missverstanden. Grade das *hê* verleitet sie, das pronomen *man* als substantiv zu fassen, und mit ‚a man' und dergleichen wendungen wiederzugeben; obgleich in diesem falle nach § 2, b fast immer *sê man* stehen würde. Dieselbe verwendung des persönlichen pronomens der 3. sing. trifft man auch im provenzalischen an. In diesen alten sprachen hatte sich das unbest. pronomen erst eben aus dem substantiv gebildet, und der gedanke an seine entstehungsweise war noch so rege, dass man, anstatt einer wiederholung von *man*, dasselbe lieber wie ein substantiv durch *hê* wiederaufnahm. Einmal finde ich *hê* in dieser bedeutung ganz ausgelassen. II 356,1 *him wæs gesæd, þæt hi* (*ðâ gebytlu*) *wæron gemynte ânum sûtere and hine êac namode.*

Vergleiche damit I 394,9 *nis nâ fulfremedlîce fela æhta tô forlætene, bûton hê gode folgige.*

§ 64. *Hit.*

1. *Hit* vertritt einzelwesen ganz ohne rücksicht auf deren genus oder numerus. II 274,11 *hit wæron ðâ ylcan, ðe wê nû offriað.* L. IV 139 *þêos race is swîðe langsum fullîce tô gereccenne, ac wê hit secgað êow on ðâ scortostan wîsan.* Gen. 29,10 *hit wæs his mâge and Labanes sceâp his êames.*

2. *Hit* weist auf personen hin. II 244,3 *êom ic hit, drihten?* II 383,21 *þâ gelêaffullan cwǣdon, þæt hit nǣre Petrus.* II 388,29 *drihten, gif þû hit sŷ, hât mê gân* etc. In allen diesen fällen, ergiebt sich aus dem zusammenhange, was *hit* bezeichnet. Auch genauere bezeichnungen fehlen nicht. I 246,20 *ic sê êom* (heiland).

3. *Hit* erscheint als formales object nach trans. verben, welche im grunde intrans. gebraucht sind. II 354,24 *swâ swâ hê hit macode on his lîfe,* d. h. wie er lebte in seinem leben. Eigentlich wäre da ein intrans. verb am platze gewesen. Da aber das trans. *macjan* gebraucht wurde, musste das formale *hit* die stelle des fehlenden realen objectes füllen. Ebenso I 370,12 dieselbe gewalt hat gott bischöfen gegeben, *gif hî hit æfter ðǣre godspellîcan gesetnysse carfullîce healdað.* L. III 144 *swâ swâ hit healdað Grêcas.*

Man könnte betreffs der bedeutung von *hit* schwanken in diesen sätzen. I 524,8 *hî hit forgŷmelêasodon, and fêrdon, sume tô heora tûnum, sume tô heora cêape* (illi autem neglexerunt et abierunt). Hier könnte man *hit* als reales object fassen auf ein zu ergänzendes *ðâ gelaðunge* bezüglich. Ich fasse *hit* lieber als rein formales object, wie oben. Vielleicht ist *hit* auch formal in I 526,10 *þâs gifta sind gearowe;*

ac þâ, þe ic þærtô gelaðode, nǽron his wyrðe (sed qui invitati erant, non fuerunt digni).

§ 65. Die personalpronomina stehen auch zugleich mit dem, was sie vertreten: I 146,34 *hê cwæð ðâ, sê apostel Paulus.* I 142,34 *hê cwæð þâ, Symeon.* II 18,19 *swâ gelîce êac sê hǽðena cyning Nabuchodonosor, hê geseah* etc. Gen. 17,15 *þîn wîf Sarai, ne hât ðû hîg heononforð Sarai.* Besonders dieses beispiel, in dem die wortstellung ganz der lat. (Sarai uxorem tuam non vocabis etc.) nachgebildet ist, zeigt, dass solche wendungen lediglich zum zwecke der deutlichkeit, nicht der emphase wie im ne. und neuhochdeutschen gemacht werden.

B. Das personalpronomen beim verb.

§ 66. Das subjectspronomen.

1. Eine sprache, die, wie das ae., nicht für alle personen besondere verbalendungen hat, findet im pronomen ersatz für diese. Bei Ælfric ist die verwendung des pronomens schon häufig, doch reicht, wie im ältesten ae., das verb auch noch allein aus. I 316,23 *nâmon þâ tô rǽde, þæt him wǽrlîcor wǽre* etc. II 30,16 *êode þâ tô þâm fantfæte and tôlŷsede hire feax and bedŷpte on ðâm fante ...., æfter ðisum gecyrde hâm and gemêtte ealle hire bearn.* Ebenso bei unpersönlichen verben: I 374,14 *gelamp ðâ, ðæt.* I 387,5 *þâ gelamp hit, þæt.* Beim imperativ steht meistens das pronomen, doch wohl nicht dem imperativ mehr nachdruck verleihend, wie Koch will. I 380,2 *far þû geond þâs woruld.* I 414,29 *uton wê bêon carfulle.* Gram. 125,4 lege = *rǽd ðû.* Auch vorstehend I 560,4 *þû far tô ðǽra Francena rîce.*

2. Das subjectspronomen wird bei folgenden verben in der regel nicht wiederholt. I 372,13 *gif hê geedcucod sŷ, sprece tô ûs and âstande, onbyrige metes and hâm gecyrre.*

Selbst wenn das subject aus einem casus obliquus zu ergänzen ist, wird es vor einem zweiten verb oft nicht durch ein pronomen wiederaufgenommen. a. Zu ergänzen aus einem dat. I 336,10 *ðâ ofhrêow þâm munuce þæs hrêoflian, and bewand hine mid his cæppan.* I 336,12. II 576,18 *þâ gelîcode gode þêos bên, and cwæð tô Salomone.* b. Aus dem acc. zu ergänzen: II 154,15 *þâ âbæd his fôstormôder ân hridder, and tôberst on emtwâ on ðære lêne.*

§ 67. Das objectspronomen.

Sind mehrere verben auf ein object zu beziehen, so steht das object bei dem ersten; dann folgen die übrigen, meistens ohne vertretung des objectes durch ein pronomen. Ursprünglich hat diese auslassung wohl nur statt, wenn das 2. verb ohne zusätze steht. In diesem falle ist sie bekanntlich gemeinaltenglisch. I 376,29 *hê blêtsode þone hlâf and tôbræc.* Ælfric sagt nicht *hê blêtsode and tôbræc þone hlâf,* weil ihm eine beziehung des *blêtsode* auf *hlâf* nicht unmittelbar und natürlich genug ist. Er setzt lieber das object direct hinter das erste verb, wodurch es ihm so unmittelbar präsent wird, dass er leicht noch andere verben auf es bezieht, ohne es vor diesen durch das pronomen ergänzen zu müssen. — Nicht anders war es das streben nach unmittelbarer klarheit der wortbeziehungen, wenn er nicht sagte *þû gôda and getrŷwe þêowa,* sondern *þû gôda þêowa and getrŷwe*; cf. § 23. — Erst aus den erwähnten stellungen, in denen das zweite verb keine zusätze hatte, entwickelten sich wohl die, in denen es mit solchen verbunden ist. Auch in diesen ist die auslassung des pronomens bei folgenden verben bei Ælfric sehr gewöhnlich. I 516,4 *ceorf of þæt limb and âwurp fram þê.* L. III 163 *hêold swâ þêah sumne dǣl hâm tô berenne mid him and ætêowode his wîfe.* L. III 319, II 580,19, I 292,31, I 320,9, I 512,5. Diese auslassung des objectpronomens begegnet auch bei adversativ aneinander gereihten verben, II 392,27 *hêo* (die welt) *ne can âberan hire lufigendas, ac can bepæ̂can,* und sogar, wenn die verben verschiedene subjecte haben, II 92,14 *ymbhŷdignyssa ofðriccað þæt môd and unlustas tôlŷsað*; oder wenn das object des zweiten aus einem dat. zu ergänzen ist. II 514,21 *nŷtenum læ̂cedôm forgeaf, âhredde fram wôdnysse and hêt faran âweg tô þæ̂re êowode.* Selbstverständlich findet sich auch setzung des objectpronomens. II 420,35 *ân sunderhâlga geband þonne apostel and hine gelæ̂dde tô ðæs cynges dômerne.*

Cap. II. Das possessivpronomen.

§ 68. 1. Im allgemeinen macht das possessiv natürlich den art. überflüssig. Doch begegnet er zuweilen, wenn auch selten. Hier scheint der attributive gebrauch des pronomens einem mehr appositiven platz gemacht zu haben. I 364,5 *þurh his þæs mæ̂ran forryneles and fulluhteres ðingunge.* I 168,1 *hê wolde oferswîðan ûrne ðone êcan dêað.* I 192,6 *ûre se ælmihtiga scyppend.* L. VII 314 *hæbbe hê him Johannem and Paulum, mîne þâ getrêowostan.*

2. Ziemlich häufig sind die possessiv gebrauchten genetive ohne flexion. I 174,28 *wê sceolon wendan ûre môd.* I 242,2. I 518,8 *ic offrode êower gebedu.* Gram. 105,1 *êower dômas ic herige.* Gram. 105,15 *êower sûteres tôl.* Gram. 103,13 *êower landes.* Alle diese flexionslosen formen sind als wirkliche gen. zu betrachten, nicht als possessivpronomina, bei denen die endung gefallen wäre, da solche für Ælfric nicht zu constatieren sind. Die folgende stelle II 102,21 *þîn gôd bêoð gemenigfylde* ist vielleicht nur corrumpiert, oder *þîn gôd* ist als singularer collectivbegriff die veranlassung des plurals. Die langsilb. adj. haben im nom. plur. ntr. *e.* II 368,18 *mîne þing, ðîne þing.* II 100,20 *gôde weorc.*

3. Als possessivpronomen der 3. person fand ich bei Ælfric nie mehr *sîn*, sondern nur die gen. *his, hyra, heora.* I 308,34 *on his fæder swîðran hand.* I 438,7 *hyre lîfes dǽda.*

4. Das persönliche personalpronomen vertritt nach § 63 das unbestimmte *man.* Ebenso vertritt das persönliche possessiv die stelle eines nicht vorhandenen unbestimmten possessivs (ne. one's). II 522,26 *nis nân lufe mâre, þonne man for ôðrum his lîf sylle.* Das heisst nicht ‚than that a man give his life', wie Thorpe übersetzt, sondern ‚than that one give one's life'.

5. Bekanntlich ist der gebrauch des possessivpronomens im ne. ausgedehnter als im ae. Nicht nur, dass das possessiv ae. bei selbstverständlichem besitz noch oft fehlt; es findet sich auch bei Ælfric noch die alte vertretung durch den dat. des personalpronomens. II 60,26 *Abraham hæfde him on handa fýr and swurd.* II 416,35 *hafa ðê minne stæf on handa.* I 488,35. L. IX 100 *þâ cnitton hi râpas hire tô handum and fôtum.*

Cap. III. Das reflexivum.

§ 69. Bei Ælfric findet sich als reflexivum sowohl das einfache personalpronomen, als das durch *self* verstärkte; doch ist letzteres häufiger. I 278,27 *fýr âcenð of him beorhtnysse.* I 288,31 *nû hæfð hêo godes anlîcnysse on hyre.* I 344,30 *hi forseôð hi sylfe.* I 340,35 *trûwað bê him sylfum.* I 408,17 *sêo sâwoul bedýlegað hyre sylfre.*

§ 70. Das wechselseitigkeit ausdrückende reflexivpronomen.

1. In *ǽlc-ôðer, ôðer-ôðer* ist der erste bestandteil immer subject, der zweite näheres oder entfernteres object und demgemäss immer flectiert. Die verbindungen verlangen das verb immer im sing. II 446,15 *his suna fêrdon, and*

ðênode ǽlc ôðrum. I 142,13 *hyra ôðer ôðerne forlýst.* In II 330,24 *wê sceolon . . ., ǽlc for ôðerne, gebiddam* ist *ǽlc for ôðerne* parenthetisch.

2. Die wechselbeziehung wird auch durch präpositionen ausgedrückt. I 584,24 *þæt hi mihton inweardlîce him betwýnan lufian.* II 522,5. II 356,12 *wê magon ûs sylfe betwux ûs on lîfe, ǽlc ôðrum, fultumian tô ðâm ûpplîcan lîfe.* Thorpe übersetzt ‚and we may, among ourselves in life, aid each other to the life above', doch ist *ǽlc ôðrum* parenthetisch zu fassen, da andernfalls der sing. des verbs stehen müsste ‚wir mögen uns gegenseitig, jeder dem andern, zu jenem leben verhelfen'.

Cap. IV. Das demonstrativum.

§ 71. Bei *sê, sêo, ðæt* ist besonders zu erwähnen, dass *ðæt*, ähnlich wie *hit*, auf beliebige gegenstände ohne rücksicht auf geschlecht und numerus hinweist, und zwar überaus häufig. I 310,11 *þâ apostoli, þæt sind godes bydelas.* II 128,14 *Augustinus mid his gefêrum, þæt sind gerehte fêowertig wera.* Ebenso II 274,14 *þis is mîn lîchama and mîn blôd.*

§ 72. *Þylc, þillic* flectiert, selbst wenn es mit dem art. oder demonstrativum steht, nur stark. Dass es bei Ælfric überhaupt mit demonstrativen fürwörtern vorkommt, beweist schon, dass seine grundbedeutung nicht eine so rein demonstrative wie die des nhd. ‚solch' und des ne. ‚such' ist. Sein begriff ist im ganzen mehr adjectivisch als pronominal, und man könnte es übersetzen durch ‚derartig', ‚so beschaffen', welche bedeutungen sich der rein pronominalen allerdings oft sehr nähern, indem ihr begriff sich schwächt, und nur das demonstrative element von ihm bleibt. I 406,21 *ðillic orf.* I 406,24 *ðillice cýpas.* I 480,20 *þyllice wundra.* In diesen verbindungen mag eine übersetzung mit ‚such' immerhin angehen. Nicht so in den folgenden. II 398,6 *þâs þyllice cumað feorran.* Thorpe: ‚such as these'. II 550,35 *þâs þyllice bringað* etc. II 590,26 *þâs and ðyllice sind ðâs lytlan gyltas.* Thorpe: ‚these and the like'. II 592,7 *ðâs synna and ôðre þyllice* = ‚und dergleichen'. L. IV 290 heisst es nach genauer beschreibung der Äthiopier *þâs þyllice mê tugon tô ðǽre sweartan helle.* Skeat übersetzt unpassend ‚These, such as they were', was *þyllice* nicht bedeutet. Eine kurze correcte übersetzung von *þyllice* dürfte allerdings auch schwierig sein. Es heisst ‚diese, so aussehenden', ‚diese, wie ich sie beschrieben habe'.

§ 73. Auch bei *swylc* ist die adjectivische grundbedeutung ‚so beschaffen' noch rege. Doch muss seine demonstrative kraft wohl schon stärker gewesen sein als die von *þylc*, da Ælfric es nie mit dem best. art. oder demonstrativ verbindet. L. III 502 *swylc is Basilius, swilce þes fýrena swer.* I 306,20 *be swylcum mannum.* I 408,5 *swilcera manna.* I 516,9 *swilc frêond. Swylc* hat selten den unb. art., der dann ihm vorangeht. I 514,2 *ǽnne swylcne lytling.*

Cap. V. Das interrogativum.

1. *Hwâ* fragt nur nach masculinen personen und zwar ganz im allgemeinen, ohne rücksicht auf die beschaffenheit der person, nach der man fragt. Es übersetzt das lat. quis (Gram. 112,1) und wird nur substantivisch gebraucht. I 254,5 *hwâ is ûre fæder? sê ælmihtiga god.* II 238,34 *hwæs þêað behealde wê?* II 318,1 *hwâ is ûre nêxta?* L. V 216 *þæt þû leornian mæge, hwâ þîn scyppend sý.*

2. Wie *hwâ* fragt auch *hwæt* nach personen, aber meistens mit dem unterschiede, dass es mehr nach der beschaffenheit fragt (qualis). I 278,15 *hwæt is sê fæder? ælmihtig scyppend, nâ geworht nê âcenned.* L. I 9 *þâ Judeiscan*

âxodon crist, hwæt hê wære. I 386,10 *hwæt eart þû, lêof hlâford. Hwæt* fragt aber nicht nur nach singularen masculinen, sondern ganz ohne rücksicht auf genus und numerus der personen. I 442,32 *hwæt is ðêos, ðe hêr âstîhð swilce ârîsende dæg-rîma?* I 256,1. I 412,23 *hwæt sind þyllice bûton sceaðan?* II 352,17 *hwæt sind ðâ strangan, hwæt þâ unstrangan?*

Das nach der beschaffenheit fragende *hwæt* hat öfter den gen. plur. *manna* bei sich, ohne dass seine bedeutung irgendwie verändert würde. II 502,26 *þa befrân sê sceaða, hwæt hê manna wære.* L. X 191 *hwæt êom ic manna, þæt ic mihte god forbêodan?* L. II 77 *and sæde hire gewislîce, hwæt hêo manna wæs and hwylcere mægðe. Manna* in dem letzten satze ist eine conjectur von Zupitza, cf. Anz. z. Z. f. d. A. Bd. I, dessen treffliche bemerkungen zu der übersetzung der heiligen leben in Skeat's ausgabe. Diese übersetzung ist zum grössten teile von 2 damen angefertigt und nicht grade sehr gelungen zu nennen. Wenigstens könnte man doch erwarten, dass übersetzungen wie diese nicht vorkämen. L. VII 336 *þâ côm Gallicanus êac to gode gebogen,* = then became Gallicanus likewise converted to god. Ein Blick in die homilienübersetzung von Thorpe würde den damen gezeigt haben, dass die lat. schlussformel ‚in omnia saecula saeculorum', bei Ælfric *on ealra worulda woruld,* nicht bedeutet ‚world without end', wie sie L. X 293 übersetzen. Einzelnes werde ich noch weiterhin erwähnen.

§ 74. Seiner entstehung gemäss fragt *hwylc* ursprünglich nach der qualität, und darf in diesem falle also nicht durch ‚which' übersetzt werden. Gram. 116,11 qualis est rex? *hwylc is sê cyning?* I 287,26. I 324,26 *ælces mannes weorc cŷðað, hwilc gâst hine wissað.* II 48,4. I 254,6 *hwilcera manna fæder is hê? yfelra manna.* L. I 128. Sobald die seele den namen einer bekannten stadt vernimmt, mag sie *þâ burh on hire geðôhte gescyppan hwylc hêo bið* d. h. ‚what sort of town it is' nicht ‚whatsoever it be'. *Hwylc* kann auch, seine ursprüngliche bedeutung aufgebend, nach dem einzelnen unter mehreren fragen, und kann also auch mit ‚which' übersetzt werden. I 288,15 *on hwilcum dǽle hæfð sê man godes anlícnysse?* I 338,14 *hwilc êower hæfð hundtêontig sceâpa?*

§ 75. Ich schliesse hier einiges wenige über fragsätze an. Oft schiebt Ælfric *lâ* und *cwist þû* in die frage ein, welche dieselbe weniger verstärken, als anschaulich und leichter machen und so wie unser ‚denn' flickwörter sind. Das streben, die lat. partikel ‚num, numquid' etc. wiederzugeben, macht sie besonders in der übersetzungsliteratur häufig. Sehr zahlreich sind sie z. b. in den alttestamentlichen übersetzungen, Zup. XIII 64 *cwist þû, ne hêolde þû mê nâne blêtsunge?* = numquid non reservasti et mihi benedictionem? Zup. XIII 68 *Lâ fæder, hæfdest þû git âne blêtsunge?* Gen. 37,8 *cwist þû, bist þû ûre cyning?* = numquid rex noster eris? In den heil. leben werden diese einschiebungen meist falsch übersetzt, cf. Zupitza's bemerkungen. L. V 169 *Cwyst þû, lâ, þæt nǽre nân lufigende god?* nicht = thou sayst that. L. V 178 *lâ, hû ne dwelast þû* nicht = look whether or not thou errest. L. IX 72 *eart þû lâ god?*

Cap. VI. Das relativum.

§ 76. Das demonstrativ *sê, sêo, ðæt* dient sowohl allein, als auch mit *þe* verbunden als relativ. Mit ausnahme von *ðæt* stimmen diese relativa mit dem, auf das sie sich beziehen, in genus und numerus überein. Natürlich bezieht sich *ðæt* auf neutrale sachen. Nur einmal fand ich es auf eine feminine bezogen. I 276,21 *forðì ǽlc edwist, þætte god nys, þæt is gesceaft.* (*edwist* ist bei Ælfric fem. cf. I 284,19 *âne edwiste* (acc.) 55,16. Auf personen bezogen dürfte *ðæt* für Ælfric's zeit eine sehr grosse seltenheit sein. I 518,1 *nis hit Petrus, þæt ðǽr cnucað, ac is his engel.* Exodus 32,1 *âris nû and wirce ûs godas, þæt faron beforan ûs = qui nos praecedant.* *Þæt* könnte da auch conjunction sein. Es bedeutet auch neutrales ‚was'. II 2,25 *forði sceal gehwâ gerihtlǽcan, þæt þæt hê ǽr tô wôge gebîgde.* II 234,5 *eall, þæt hê is.* Endlich bezieht sich *ðæt* auf den ganzen satz. I 308,27 *him is sêo clǽnnys swiðe lufigendlîc mægen, þæt hê geswutelode, þâ þâ hê . . .*

§ 77. 1. *Þe* bezieht sich auf sachen und personen beider numeri und ist meistens nom. und acc., abgesehen von den verbindungen mit präpositionen. Es bezeichnet auch neutrales ‚was'. I 462,32 *ic sprece, þe hê mê hêt.* Ferner kann *þe* allein, ausser den § 78 erwähnten, ganz bekannten verbindungen mit präpositionen, als gen. und dat. stehen. So mag es auch sonst noch vorkommen, doch dürfte es immerhin selten sein. Gen. sing.: L. IV 40 *þes wynsuma brǽð, þe þû wundrast þearle.* II 254,18. Dat. sing.: II 298,7 *ðâm lifigendan drihtne, þe hê on lîfe folgode.* Dat. plur.: L. II 242 *hêr synd þâ cnihtas, þe ic cŷdde mîne dîgolnysse.* II 534,23. Gram. 250,19 *ðâm men, ðe hê wrît.* Trotzdem Ælfric aber *þe* für dat. und gen. gebraucht, wird ihm die mangelhafte bezeichnung des casus doch öfter empfindlich, und er sucht den casus genauer zu bezeichnen durch hinzufügung eines pronomens. II 582,22 *sôðlice, sê þe ealle þâ gebytlu hylt and hine nân ne berð, sê is hǽlend crist, þe ûs ealle gehylt and ûre nân hine behealdan ne ðearf.* Da ist beide male zu *hine* das vorhergehende *þe* zu ergänzen und es ist zu übersetzen ‚und welchen'. Thorpe fasst nur das erste *hine* relativ. Gen. 45,8 *þæt næs nâ êowres þances ac þurh' god, þe ic þurh his willan hider âsend wæs.*

2. Bei der bildung von relativen für die 1. und 2. person des pronomens wiederholen wir im deutschen stets das pronomen (wir, die wir, gott, der du). Bei Ælfric erscheint das pronomen im relativsatze aber nur dann, wenn es nicht im hauptsatze steht. I 348,20 *drihten, þû þe sitst ofer cherubin.* Aber: I 394,22 *gê, þe mê fyligað.* I 426,25 *sŷ þû geblêtsod, þe ûs forgeâfe.* I 612,30. II 20,34. I 372,21. II 264,33. — Eine ausnahme ist: II 600,5 *þû ælmihtiga god, þû þe dydest.* II 600,10.

§ 78. *Þe* mit präpositionen.

Ist das relativum flexionsfähig, so tritt die präposition vor es. (I 28,19 *into heofonan rîce, on ðâm hi rîxiað.*) An *þe* kann die präposition ihre rectionsfähigkeit aber nicht ausüben, deshalb tritt sie da immer zum verb. I 358,21 *sê hâlga fulluhtere, þe wê ymbe sprecað.* I 572,14. Die präposition in dem mit *þe* eingeleiteten relativsatze bleibt weg, wenn sie aus dem hauptsatze ergänzt werden kann. I 176,27 *mid ðâm ylcum ðrîm ðingum, þe sê dêofol ðone frumsceapenan mann oferswîðde.* I 242,32 *mid ðære lufe, þe hê wolde for mancynne sweltan.* So fasse ich auch auf: I 414,7 *on ðære ylcan tîde, þe hê geendian sceolde.* II 508,18 *on ðære stôwe, þe hi stæppende wæron.* Numeri 13,28. *wê cômon tô þâm earde, þê gê ûs hêton faran.* Man kann nicht einfach sagen, *þe* heisse ‚wo', stehe für *þær* (cf. Grein, sprachschatz, unter *þe*) und bedeute von der zeit ‚als', sondern das *þe* in obigen sätzen wäre genau wiederzugeben durch wendungen wie ‚in der zeit, in welcher', ‚an der stelle, an welcher'. *Þe* vertritt ein von der präposition begleitetes relativ, und jene ist nicht gesetzt, trotzdem eine ergänzung aus dem hauptsatze nicht möglich. I 462,29 *fram ðâm dæge, ðe his apostol Bartholomaeus hider côm.* II 268,19 (*hê is gecweden*) *lêo for ðære strengðe, þe hê oferswiðde þone strangan dêofol.*

§ 79. Die mit *lôca, lôce* gebildeten verallgemeinernden relative werden immer falsch übersetzt. cf. Paul u. Braune B. Bd. VIII, 529. II 576,10 *bidde, lôce hwæs þû wille.* Thorpe ‚Look, ask me, what thou wilt', während es heisst ‚whatever thou wilt'. L. IX 44 *lôca hû þê līcige.* Skeat: ‚lo, how etc.' Gen. 16,6 *þrêa hîg lôca hû þû wille* = utere ea ut libet!

§ 80. Die pronominaladverbien werden neben dem bekannten gebrauche auch angewendet, um die conjunction *þæt* zu vertreten nach den verben des wahrnehmens. II 414,8 *hî gesâwon, hwǣr hê ðâ dêadan tô līfe ârǣrde.* Auch ersetzt *þǣr* das mit einer präposition verbundene relativ. II 6,26 *hê wolde ûs tô his rîce gebringan, þǣr wê tô gesceapene wǣron.*

Cap. VII. Das indefinitum.

§ 81. *Eall.*

1. Vor singularen hat *eall* die bedeutung ‚ganz'. Der art. steht immer hinter ihm. I 18,32 *eall mancynn.* I 272,7 *mid ealre blisse.* II 42,35 *ealle ðâs woruld.* Vor singularen kann *eall,* wenn auch recht selten, ‚jeder' heissen. I 178,20 *on eallum geâre sind getealde ðrêo hund daga and fîf and sixtig daga.* I 300,27 *farað geond eallne middangeard and bodiað godspell eallum gesceafte* = omni creaturae. I 302,22 *nû is sê man gecweden eall gesceaft, forðan ðe hê hæfð sum ðing gemǣne mid eallum gesceafte.*

2. *Eall* + *mǣst.*

Die bedeutungen von *eall* werden öfter durch *mǣst* = ‚meist, fast' reduciert, und wir erhalten so: a. ‚fast alle', ‚meist alle' bei pluralen. Gram. 38,16 *hî geendiað heora ab-*

lativum on scortne e, swâ swâ ealle mæst þissere declinunge. Gram. 215,10 *ealle mæst ðâs word synd ðære forman geðêodnysse.* Gram. 249,8 *ðus gâð ealle mæst dǣdlice word.* Gram. 250,13 *ealle naman mæst têoð genitivum.* Gram. 94,12. b. ‚fast ganz' bei singularen. II 466,22 *hit (ðæs dæges godspell) is eall mæst mid hâligra manna naman geset.* Thorpe übersetzt ‚it is all chiefly occupied', was keinen sinn hat. Es muss heissen ‚it is almost wholly occupied'. In dem letzten satze kann man *eall* auch als adverb fassen. Diese verbindung, singulares *eall* + *mæst,* hat dem spätern ‚almost' seine entstehung gegeben.

3. Interessant ist, dass sich bei *eall* einmal dieselbe unlogische stellung der negation findet, wie sie im nfz. u. ne. noch vorkommt. II 288,6 *wê wênað, þæt gê ealle on andwerdnysse hêr ne bêon,* anstatt *þæt gê nâ ealle.*

§ 82. Die verstärkung des begriffes der zergliederung durch *ân* bei *ǣlc* belegt Koch in seiner Gram. bis Layamon. Ich habe sie einmal in den homilien gefunden: II 604,33 *ǣlc heora ân is ælmihtig god.* Diesem *ǣlc heora ân* stellt sich nett zur seite ein *nân heora ân,* das sich ebenfalls nur einmal findet. I 284,1 *nân heora ân nis nâ lǣsse, þonne eall sêo ðrŷnys.*

§ 83. *Sum.*

1. *Sum* flectiert immer stark, und wird adjectivisch und substantivisch gebraucht. *Sum* bezeichnet: a. qualitativ unbestimmtes, I 330,3 *sum rîce man wæs* = homo quidem erat dives. I 336,7 *tô sumum ôðrum mynstre.* I 518,16 *sum godes engel.* Hierher gehören auch alle fälle, wo es nur den unbest. art. vertritt. b. quantitativ unbestimmtes = ‚etwas' und bei pluralen ‚einige'. I 420,12 *sum dǣl ðæs temples.* I 366,21 *sume hî gelŷfdon on dêade entas.*

2. Bei zahlen bedeutet *sum* ‚circa'. I 400,19 *âsend him*

twâ scrûd and sum pund. Das heisst ‚about a pound', nicht ‚a pound', wie Thorpe übersetzt. L. IV 324 *sume þrêo niht.*

3. Zu beachten ist, dass, wenn *sum* eine gewisse zahl einer menge bezeichnet, es diese (pronomen, substantivum) nicht im genetiv, sondern appositiv neben sich stehen hat. Gram. 250,17 *hî magon êac sume bêon geðêode dativo gehîwodlîce.* II 96,6 *Sê apostol Petrus hæfde wîf and cild and êac sume ðâ ôðre apostolas.* I 182,27 *mid sumum his gebrôðrum.*

4. Ich führe gesondert an: II 66,18 *Nabochodonosor, þe þæt synfulle godes folc sum âcwealde, sum gehæft tô his rîce gelǣdde.* Letzteres beispiel ist das einzige, in dem ich den sing. *sum* appositiv fand. Er wird eben auch nur bei collectiven vorkommen. Genau, allerdings nicht correct deutsch, würden wir übersetzen ‚N., welcher von dem jüdischen volke e t w a s erschlug, und e t w a s in die gefangenschaft führte'. Man giebt es am besten durch ‚teils — teils'. Thorpe übersetzt ‚who slew some and led others', was nur dem sinne, nicht der form nach recht ist.

§ 84. *Fêawa* bedeutet neutrales ‚ein wenig', ‚weniges'. I 70,21 *fêawa hê âwrât be his menniscnysse.* Der plur. *fêawa* bedeutet ‚wenige' und ist oft von *ân* oder *sum* begleitet. Er steht adjectivisch und substantivisch. a. Adjectivisch, I 90,12 *mid fêawum wordum.* I 498,1 *on fêawra manna gesihðe.* Gram. 30,3 *gyt âne fêawa dagas.* b. Substantivisch, I 386,36 *sume fêawa daga.* II 158,33 *and âne fêawa hê gehêold mid him sylfum* = einige wenige mönche. II 28,35 *fêawa wǣron æt þǣre nêawiste.*

§ 85. 1. *Fela* ist stets indeclinabel; es bedeutet a. neutrales ‚viel'. I 70,18 *hê cŷdde fela be cristes godcundnysse.* I 386,25 *hê sceal fela ðrôwian for mînum naman.*

b. *Fela* adjectivisch bei materialien heisst ‚viel'. Gram. 84,6 *fela wîn, fela hunig.*

2. *Fela* ist zahlenbegriff und heisst ‚viele'. a. Adjectivisch gebraucht, wird es immer plurales verb haben. I 358,6 *fela wîtegan bodedon.* I 562,29 *and wurdon ðâ fela cyrcan ârǽrde.* I 22,24 *þâ wǽron þǽr swâ fela gereord, swâ ðǽr manna wǽron.* I 328,23 *and wǽron siððan swâ fela gereord, swâ ðǽra wyrhtena wæs.* b. Als substantivischer collectivbegriff mit dem gen. kann *fela*, wie jedes collectiv, den sing. und plur. des verbs regieren, wie die 2 letzteren sätze des vorigen abschnittes zeigen. Ich füge noch hinzu Gram. 290,14 *þǽra fôta is fela.* I 456,2 *ðâ lâgon ðǽr binnan þâm temple fela âdligra manna.* I 130,33 *fela rîcera manna geðêoð gode.*

§ 86. *Manig* steht adjectivisch, auch mit dem best. art. I 212,25 *manig mann.* I 390,32 *menigne man.* I 480,13 *manega untruman.* I 352,23 *for ðâm manegum wundrum.* I 130,13 *manega cumað.* I 490,14 *forwel menige* (acc.). *Manig* steht auch appositiv. L. VII 293 *þâ Romaniscan mǽdenu manega êac þurhwunodon on clǽnum mægðhâde. Manega* (msc. I 244,7, fem. I 188,1, I 266,27, ntr. 366,29) ist weit häufiger als *menige* I 258,25, I 440,25.

§ 87. *Micel, mâra, mâ, mǽst.*

1. *Micel* hat seiner wurzel *mag* gemäss a. die bedeutung ‚stark, gross', sowohl in natürlichem, als in übertragenem sinne, ‚gross, bedeutend'. Gram. 298 magnus = *mycel.* I 376,33 *micele hundas.* I 350,5 *fram ðâm micelan hûse.* I 236,17 *mycel trêow.* I 26,16 *mid micelum wîsdôme.* I 52,23 *swâ micles lârêowes gelêafan.* L. IV 256 *for hyra micclum gebyrde.* b. Erst dann bezeichnet es auch quantität (Gram. 39,7 = multum), die ja bei collectiven und stoffnamen die grundbedeutung ‚stark, gross' bedingt. I 20,21

micel mennisc. I 28,4 *mid micclum werede.* I 182,15 *micel gærs.* I 244,19 *micelne dǽl (ðæs folces).* c. Neutrales ‚viel' bedeutet *micel* in substantivischem gebrauche. I 394,4 *micel hê forlêt.* I 316,32 *becêapode gê ðus micel landes?*

2. *Mâra* compariert beide bedeutungen von *micel.* a. Adjectivisch heisst es ‚grösser'. I 186,1 *þis wundor is swîðe mycel.* I 184,26 *mâre wundor is.* Gram. 32,15 *sêo ðridde declinatio is mâre, þonne ealle þâ ôðre.* I 278,23 *þonne bið sê fæder mâra and sê sunu lǽssa.* b. Substantivisch bedeutet *mâra* neutrales ‚mehr'. I 482,22 *swâ hwæt swâ ðǽr mâre bið* etc. Gram. 206,2 *næfð hit (coepi) nâ mâre bûton coeptus ongunnen.*

3. *Mâ* ist neutraler comparativ und es bedeutet nur die zahl, hat den sing. und plur. des verbs nach sich und steht substantivisch und einmal auch adjectivisch. a) Substantivisch: I 596,23 *mâ, þonne twentig þûsend.* Gram. 107,4. I 88,28 *mâ ðǽra Judeiscra ealdra embe cristes cwale smêadon.* I 498,1 *hê ne geðafode, þæt þǽra mâ manna inne wǽre.* Gram. 111,9 *nys hêr nâ mâ pronomina, þe hæbbe syx casus.* b) Adjectivisch: Gram. 94,2 *ne synd nâ mâ naman speljende.*

4. Adverbiales ‚mehr' wird ausgedrückt: 1. durch *mâ.* L. I 58 *sê man sceal mâ þæncan ûp, þonne nyðor.* II 402,25 *ðâ Judeiscan mâ and mâ heora mândǽda geŷhton.* I 552,35 *nis tô ondrǽdenne ðwyrra manna êhtnys, ac mâ tô forðyldigenne.* I 212,23 *wê ne sceolon fram criste gebûgan þe mâ, þe hî dydon.* 2. durch *mâre.* I 234,22 *mâre ûs fremað his (Thomas) twêonung, þonne* etc. II 128,4 *eôwer mêd swâ miccle mâre bið, swâ gê mâre for godes willan swincað.* Eigentlich sollte *mâ* die anzahl der bethätigungen des verbs, *mâre* ihre intensität bedeuten, was aber nicht immer der fall ist.

5. *Mǽst* bedeutet ‚gross'. I 468,30 *his mǽsta god.* II 22,15 *sê mǽsta dǽl.* II 222,31 *þâ mǽstan* = die grössten.

§ 88. *ân* begegnet besonders häufig in der gegenüberstellung zu *ôðer*, und hat oft den bestimmten art. vor sich. I 276,8 *twâ ðing sindon: ân is scyppend, ôðer gesceaft.* II 2,12 *gif man þâ âne bôc rǽt on ânes geâres ymbryne, and ða ôðre on ðâm æftran geâre.*

§ 89. *ǽnig* zeigt ziemlich denselben gebrauch, wie ne. *any.* 1. Es steht besonders in verneinenden sätzen. I 414,16 *næs ic ðê derigende on ǽnigum þingum.* I 446,10 *nis hwæðere nân ceorung, nê anda on heora ǽnigum.* I 500,4 *hî ne bêoð mid ǽnigum fæce fram him sylfum âwâr tôtwǽmede.* In allen diesen sätzen könnte man *ǽnig* direct durch *nân* ersetzen, und umgekehrt *nân* durch *ǽnig* in: I 474,29 *nis nânum cristenum men âlŷfed þæt hê his hǽle gefecce æt nânum stâne.* Interessant für die bedeutung von *ǽnig* ist es, zu bemerken, dass Ælfric, trotz der grossen vorliebe für doppelte verneinung, niemals *nǽnig* schreibt. 2. Es steht in verneinend fragenden sätzen, I 336,26 *hû mihte hê gefrêdan ǽniges hefes swǽrnysse, ðâðâ hê ðone ferode, þe hine bær?* 3. in fragenden sätzen, I 510,29 *wyle êower lârêow crist ǽnig toll syllan?* 4. in bedingenden sätzen, I 404,3 *gif hwâ hwæt lytles ǽniges bigwistes him sylfum gearcode.* I 474,19 *sê cristena man, þe in ǽnigre þyssere gelîcnysse bið gebroced, ... þonne bið hê ðâm hǽðenum mannum gelîc.* Der relativsatz vertritt hier, wie öfter, einen bedingungssatz.

§ 90. *ǽgðer* heisst ‚jeder von zweien'. I 580,11 *micel forlêt Petrus and Andreas, þâ þâ heora ǽgðer ðone willan tô hæbbenne forlêt.* Gram. 151,15 *ðâs word magon tô eallum hâdum and tô eallum tîdum and tô ǽgðrum getele.* 2mal fand ich unflectierte form: II 2,13 *on ǽgðer þǽra bôca sind fêowertig cwyda.* Zup. XIII 80 *hwî sceal ic bêon bedǽled ǽgðer mînra suna on ânum dæge!*

§ 91. *Nâðor* bedeutet ‚keiner von beiden' und ist na-

türlich sing. Nur einmal fand ich den plur. mit der bedeutung ‚keine von 2 Gruppen von individuen'. II 390,27 *on Petres gange wǽron getâcnode ǽgðer gê ðâ truman, gê ðâ untruman; forðan ðe godes gelaðung nis bûton nâðrum ðǽra.*

§ 92. *Gehwilc* hat zunächst die bekannte bedeutung ‚jeder'. I 310,15 *heora gehwylc on his dǽle.* Die bedeutung des vereinzelnden ‚jeder' wird verstärkt durch *ân*, und zwar: a. im sing. II 316,11 *ǽnne gehwylcne.* I 144,26 *ânum gehwylcum gelýfedum men.* b. in der bekannten verbindung *ânra gehwylc.* I 40,19 *ânra gehwylc manna wunað on sâwle and on lîchaman.*

Wichtig ist, dass *gehwylc* ausser dieser geläufigen bedeutung recht häufig die reducierte bedeutung ‚manche', ‚alle möglichen' hat. Diese bedeutung ist von den übersetzern meistens nicht erkannt, sie übersetzen nur da annähernd richtig, wo es nicht gut möglich war, falsch zu übersetzen. Ælfric sagt in der Gram. nach aufzählungen oft *and swâ gehwilce ôðre* (293,16), was zu übersetzen ist ‚und so noch manche andere'. I 566,30 *mid gehwilcum tintregum* (mit allen möglichen qualen). II 562,11 *sê hǽlend sǽde gelômlîce bîgspell be gehwilcum þingum.* L. II 125 *on ðǽre stôwe bêoð gehǽlede gehwilce untrume.* Skeat: are healed any sick people (that come), während es heisst ‚all sorts of sick people'. L. VI 260 *þâ bugon gehwylce æðelborenne menn tô Maures mynstre tô munuclîcere drohtnunge. — sume êac befæston heora suna him* d. h. ‚manche edele wurden selbst mönche — einige schickten ihre söhne. — Die damen übersetzen falsch: ‚all the nobly-born men devoted themselves to the monastic work'. Vergleiche noch I 494,4. I 520,33. II 88,10. II 124,16.

Ebenso begegnen, wenn auch selten, *gehwæt* und *gehwǽr* in reducierten bedeutungen. Gram. 278,5 *hî* (die interjectionen) *getâcnað hwîlon ðæs môdes blisse, hwîlon sârnysse, hwîlon wundrunge and gehwæt* = und manches andere. — I 608,27 *oft eorðstyrung gehwǣr fela burhga oflrêas* = an manchen orten. II 510,10 *gelôme hê towearp gehwǣr hǣðengyld.*

Cap. VIII. Das identitätspronomen und sein gegenteil.

§ 93. *Ylca* = idem (Gram. 106,12) begegnet substantivisch und adjectivisch, aber stets mit art. oder demonstrativ und deshalb immer schwach flectiert. I 192,3 *þurh ðone ylcan.* I 292,14 *þâs ylcan wundra.* I 350,8 *sê ylca.* I 462,1 *þis ylce.* II 106,22 *on ðisum ylcum* (für *ylcan*) *andgite.*

§ 94. *Self, sylf* ist 1. mit substantiven verbunden und steht ohne art. nach, oder mit art. vor ihnen. Die flexion ist die allgemein adjectivische. I 126,8 *god sylf.* I 552,12 *god sylfne.* II 104,13 *þæt sylfe land.* I 52,26 *sêo sylfe sôðfæstnys,* cf. Wulfstân 27,14 *crist sylfa.* 45,1 *god sylfa.* 52,21 *god sylf.* 2. *Sylf* steht nach dem personalpronomen dieses verstärkend. Zu beachten ist, dass Ælfric es hier immer stark flectiert, auch im nom. sing. Gram. 99,17 *hê sylf, hêo sylf.* I 444,17 *hêo sylf.* I 450,7 *wê sylfe* etc.

Nur 1mal fand ich schwache flexion II 332,23 *hê sylfe* (*e* nach § 35,2 für *a*). Abgestossen ist die flexion in: L. IX 115 *þê sylf* (für *sylfum*) *sôðlîce nc genêalæcð nân yfel* = tibi autem. Gen. 47,23 *gê sylf.*

§ 95. Die verbindung von *self* mit dem dative des persönlichen pronomens.

Über diese, zu einer wichtigen pronominal-verstärkung des englischen gewordene verbindung findet man in den grammatiken die verschiedensten ansichten verbreitet. Vielleicht trägt das folgende etwas zur klärung der frage bei.

Neben einer directen reflexion beim verb, welche durch den accusativ des reflexivpronomens bezeichnet wird (II 250,15 *Judas hine sylfne âhêng*) hat das ae. noch eine durch den dativ des pronomens bezeichnete (II 160,20 *ac êode him ût*). Hier steht nach Grimm Gr. IV pg. 28 (auflage von 1837) das pronomen ‚fast pleonastisch und kann entbehrt werden, ohne dass sich die meinung bedeutend änderte. es ist eine zugabe von leiser wirkung, wie sie dem wesen des mediums grade entspricht'. Welche flexion zeigt nun *self*, wenn es zu medialen verben tritt? Die genannten dative sind für Ælfric durchaus pleonastisch, denn er kann sie weglassen, ohne den sinn zu ändern. In dem obigen satze würde *ac êode ût* genau dasselbe sagen wie *ac êode him ût* und übrigens construiert er sie auch mit directem objecte (I 596,35 *Ægeas him ondrêd ðâ menigu*), ganz wie die altnordischen suffixformen des verbs und die lat. deponentia ein object regieren (cf. Grimm). Der dativ ist für Ælfric ein aus alter zeit vererbter, rein formelhafter zusatz zum verb und kann als solcher ein, das mediale verb verstärkendes, *self* nicht regieren. *Self* bezieht sich daher auf das subject des medialen verbs, es hat im nom. sing. keine flexion, im nom. plur. *e*. In späterer zeit wurde die beziehung des dativs zum verb so unverständlich, dass man ihn mit *self* verschmolz. Man vergass, dass diese verbindung eigentlich nur nach medialen verben stehen konnte, und so wurde sie zu einer allgemeinen verstärkung des pronominalen subjectes; aber, ihrer entstehung gemäss, nur des subjectes, nicht des objectes. Dieser vorgang mag noch dadurch erleichtert sein, dass *self* auf das subject bezogen wurde, auch wenn der dat. nicht pleonastisch war. (Exodus 5,7 *ac gân and gadrion him sylfe þæt corn* = sammeln sich selbst das korn). Die zeit dieses verallgemeinerungsprocesses vermag ich nicht anzugeben. Vielleicht zeigen sich schon bei Ælfric spuren, trotzdem bei ihm der hauptsache nach nicht von einer, das subject verstärkenden, verbindung des dativs vom personalpronomen mit *self* zu reden ist; sondern nur von einer verstärkung des subjectes medialer verben durch einfaches *self*. Nur höchst selten fand ich *self* auf den dativ des mediums bezogen. L. VI 351 *swâ sê engel sǣde him sylfum.* L. V 266 *þû bist þê sylf hâl* (eine hs *sylfum*). Darin ist aber eine rein äusserliche, entschieden bewusstlose beziehung auf den dativ zu sehen. Die in den dativen liegende reflexive bedeutung ist wohl auch in den ältesten altenglischen zeiten nicht so stark gefühlt, dass man verstärkendes *self* auf ihn bezogen hätte.

Ich lasse jetzt noch eine liste der verben folgen, bei denen *self* in der angegebenen weise steht. Vielleicht sind nicht alle medial zu belegen. II 410,12 *þû nelt þê sylf bêon gôd.* II 410,19. II 62,23 *crist him sylf his rôde âbær.* II 542,21 *fêrdon him sylfe. Sweet Anglos.* Reader XIII 464 *hê him sylf gewât.* II 514,12 *swilce hê him sylf wîtega wǣre.* L. I 63 *hê is him sylf angin.* Gen. 18,7 *hê arn him sylf.* Gen. 32,18 *hê cymð him sylf æfter.* L. V 337 *and êode him sylf ofer byrnende glêda.* L. VI 236 *(sê cyning) bær him sylf his lâc.* L. VII 213 *sê hêahgerêfa fêrde him sylf âweg.* L. XI 162 *Drihten sǣde him sylf on his cwearterne.* Gen. 15,18 *on ðâm dæge sealde god him sylf his wedd Abrame.* Jos. 10,33 *hê fêoll him sylf.* De Nov. Test. 16,37 *and þâ circlîcan þêawas him sylf þær getǣhte þâm gehâdodum prêostum.* De Nov. Test. 18,6. De Nov. Test. 18,7 *Ic côm me sylf tô êow.* cf. auch Wulfstân 218,28, 241,13, 254,21, 255,21.

§ 96. 1. *ôðer* bedeutet ‚ein anderer' und drückt verschiedenheit aus.

I 276,24 *sôðlice ôðer is sê fæder, ôðer is sê sunu, ôðer is sê hâlga gâst,* II 12,32. — Komischen sinn giebt *ôðer* in:

II 488,26 *hî* (die zauberer) *þotorodon swilce ôðre wulfas.* Von zweien bedeutet es sowohl den einen, als auch den anderen. I 142,13 *gif hyra ôðer ôðerne forlŷst.* I 576,3 *heora ôðer* (der eine der übelthäter) *mid micclum geleâfan gebæd hine tô criste.* II 170,14 *ðâ behŷdd sê cnapa ðone ôðerne* (von 2 flaschen) *be wege and ǽnne ðâm hâlgan were gebrôhte.*

Abschnitt VI.

Das verbum.

Cap. I. Die arten des verbs.

§ 97. Bei Ælfric erscheinen reflexiva mit dem acc. und gen. Die mit dem dat. nennt man besser mediale. Von ihnen war schon § 95 die rede. Zu den dort gegebenen beispielen füge ich noch hinzu:

II 394,22 *gang ðê nû.* I 126,21 *far ðê hâm.* I 142,8 *culfran fleôð him floccmǽlum.* I 332,1 *bêo ðê gemyndig.* II 416,30. Gen. 22,4 *anbîdiað êow hêr.* II 38,7 *ǽt him ofet.* II 304,27 *ac râd him tô âna ormæte caflîce.* L. X 72 *hêo gesæt hire ûpp.* L. VI 160 *sǽton him ætgædere Florus and Maurus.* Gen. 14,13 *þa ætbærst him sum man.* Gen. 21,14 *gewende him hâm.* Ex. 14,14. Num. 13,31 *uton faran tô ðâm earde and geâhnian ûs þæt land!* Jos. 3,2 *folgiað êow feorran.* Jos. 10,20. De Vet. Test. 10,6 *hê him sylf gewât.* Gram. 112,18 *sê, ðe him ondrǽt, sumes þinges hê him ondrǽt.* Letzteres verb fand ich auch mit dem acc. I 532,23 *nû sceal gehwâ hine sylfne micclum ondrǽdan.* Nur mit dem acc. steht *biddan.* II 30,35 *sê brôðor hine gebæd æt ðâm hâlgum reliquium.* I 38,23 *Johannes wolde hine ge-*

biddan tô ðâm engle. L. VII 199 *hêo hî âna gebæd.* Ob diese verben auch sonst noch mit dem acc. belegt sind? Jedenfalls sind es beide mediale verben und sie werden in dem übrigen ae. als solche mit dem dat. verbunden. Dass diese dative später accusativen gewichen sind, liesse auf eine verschärfung der rückbeziehung schliessen, für welche auch die beziehung des *sylfne* auf den acc. spräche (*sceal gehwâ hine sylfne micclum ondrǽdan*). Wie erklärt es sich aber dann, dass *ondrǽdan* sogar mit dem acc. ein directes object nimmt? Das sollte doch, wenn es aus medialem fast zu reflexivem verb geworden, grade nicht statt haben. I 596,35 *Ægeas him ondrêd ðâ menigu. gif ic mê ondrǽde ðǽre rôde gealgan.* II 542,12 *ondrǽdað êow þone, þe mæg þone lîchaman ofslêan.* Und sogar: II 52,27 *êadig bið sê wer, sêðe hine ondrǽt god.*

Wie schon § 95 angedeutet, können die eigentlich medialen verben directes object haben. L. I 606 *Habbað êow ðâ sôðan lufe.* II 272,14 *twegen munecas gestôdon him mæssan.* II 414,11 *genim ðê nû mînne rǽd.*

Cap. II. Die verbalformen.

A. Das tempus.

§ 98. Das ae. besitzt bekanntlich nur 2 einfache tempora, das präsens und präteritum, und auch diese nur im activum. Die fehlenden zeiten des activs und das ganze passiv müssen daher umschrieben werden. In der grammatik unterscheidet Ælfric die nuancen für die vergangene zeit durch die adverbia *fulfremedlîce, fullîce, gefyrn, nû ǽr*; für die zukunft setzt er zum präsens *gyt, gyt tô dæg oððe sume dæg* hinzu.

Das activum.

§ 99. Das präsens.

1. Gram. 123 *præsens is andweard tîd: sto ic stande.*

2. Das präsens vertritt das futurum. II 126,7 *clypa tô mê on dæge þînre gedrêfednysse, and ic þê âhredde, and þû mærsast mê.*

3. Wohl nur in folge dieser verwendung als futurum vertritt es auch den imperativ. I 598,9 *êfst ðû earming, þâ hwîle, þe þû ænig þing miht, ðê læs ðe ðû wylle, þonne þê forwyrned bið.* Und so oft in der directen übersetzung, Gen. 19,22 *êfst ardlîce þyder* = festina etc. Ex. 31,15 *six dagas þû wircst, and on ðâm seofoðan ðû rest* = Sex diebus facietis opus. Gen. 6,16 *þû wircst þæron êhþyrl* = fenestram in arca facies.

4. Das präsens vertritt das futurum exactum. II 244,35 *æfter ðan þe ic ârîse of dêaðe gesund, ic êow eft gemête.*

§ 100. Das präteritum.

1. Das präteritum bedeutet das vergangene im allgemeinen. II 60,25 *þû, þe æfre wære, and nû eart, and æfre bist ân ælmihtig god.*

2. Es bezeichnet das für die gegenwart vollendete. Gram. 124,5 *praeteritum perfectum ys forðgewiten fulfremed: steti ic stôd fullîce.* II 566,4 *hî underfêngon heora mêde* = receperunt mercedem suam.

3. Es bezeichnet eine für eine vergangene zeit abgeschlossene handlung. Gram. 124,7 *praeteritum plusquamperfectum is forðgewiten mâre, þonne fulfremed: steteram ic stôd gefyrn.* Zup. XIII 21 *unêaðe Isaac geendode þâs spræce, ðâ Jacob ûtêode, þâ côm Esau of huntoðe* = vix I. sermonem impleverat, et egresso Jac. foras, venit Esau.

4. Das präteritum vertritt bei Ælfric auch beide conditionale formen. II 182,12 *þâ þurhwunode sê ceorl on his*

bêne, swerigende, þæt hê âweg ne cyrde, bûton sê hâlga his sunu ârǽrde. II 278,11 *wê woldon gefyrn trahtnian be ðâm lambe, þe sê ealda Israhel æt heora êastertîde geoffroden; ac wê woldon ǽrest êow gereccan ymbe ðâs gerýnu and siððan hû hit man ðicgan sceal.* Thorpe: we would long since have treated. Ælfric motiviert nur, dass er in der homilie erst über das geheimnis des abendmahls und dann über das passalamm spricht — nicht, dass er über letzteres nicht ‚lange vorher' gesprochen hat. *Gefyrn* dient nur dazu, den conditionalis auf die vergangenheit zu beziehen. Auch in der gram. würde ‚voluissemus exponere' = *wê woldon gefyrn trahtnian* stehen können. Cf. Nr. 3.

§ 101. Das perfectum und plusquamperfectum werden, wenn der durch die handlung hervorgebrachte zustand ausgedrückt werden soll, durch umschreibung gebildet. Man setzt *bêon, wesan, haban* mit dem part. prät. zusammen.

1. *bêon* und *wesan* bei intransitiven. II 110,13 *þæt wîf wæs âfaren fram gemǽrum hire êðeles.* II 162,21 *hê wæs gewunod* = er war gewohnt. II 356,3 *âxode geornlîce ymbe ðone sûtere, hû hê geworht wǽre on woruldlîcere drohtnunge* = wie er gelebt hätte.

2. *habban* umschreibt recht häufig das perfectum. I 216,4 *wê habbað oft gesǽd and gyt secgað.* II 424,27 *sê ælmihtiga god hæfð hî ealle geswefode.* II 184,9 *hwæt hæfst þû gedôn.*

§ 102. Das futurum.

1. Das futurum drückt Ælfric meistens durch das präsens aus. Gram. 123,16 *stabo ic stande nû rihte oððe sumne tîman.* Gram. 131,7 *amabit hê lufað.* II 568,7 *drihtnes dæg cymð swâ swâ ðêof on niht.*

2. Häufig sind bei Ælfric aber auch schon die umschreibungen mit *sculan* und *willan.* Cf. § 113 und 114.

§ 103. Das passivum.

1. Das präsens wird durch das part. prät. mit *wesan* oder *bêon* gebildet. Gram. 122,3 *osculor a te ic êom fram ðê cyssed.* Gram. 139,17 *amor ic êom gelufod, amaris þû eart gelufod* etc. Gram. 186,1 *nascor ic bêo âcenned.*

2. Präteritum und perfectum werden mit *weorðan* oder *wesan* und dem part. gebildet. Gram. 140,1 *amabar ic wæs gelufod.* Gram. 140,9 *amati sunt hî wæron gelufode.* Gram. 140,10 *amatus eram vel fueram ic wæs gefyrn gelufod.* II 122,2 *him wæs geanswarod.* II 354,13 *ic wearð gebrôht.* L. III 83 *Antiochia, sêo sôðlîce wæs mid cristendôme âfylled gefyrn on ealddagum.* So wird auch das plusquamperfectum ausgedrückt. II 150,14 *hê þærrihte þone cniht ârærde, swá þæt hê gesundful siðode on fôtum, sê þe ær on bære þider geboren wæs.*

3. Das futurum wird mit *bêon* gebildet. Gram. 140,16 *amabor ic bêo gelufad gyt.* II 100,30 *forgyfað, and êow bið forgifen.* II 494,9 *þonne bêo gê êower æhta bedælede.*

4. Endlich bildet Ælfric auch einen passiven conditionalis mit *wesan.* L. II 289 *and bebêad Philippe þæt hê buge tô his godum, oððe wære benæmed wurðscipes and æhta* = oder er würde beraubt werden.

B. Die nominalformen des verbs.

a) Das participium.

§ 104. Die bedeutung.

Ich erwähne hier nur, dass ich participien in deponentischer weise mit passiver form und activer bedeutung fand. II 596,14 *geðrôwod under ðâm pontiscan Pilate* (passus). II 292,13 *hwæt getâcnode sê gebrædda fisc, bûton ðone geðrôwodan crist?* das heisst nicht ‚the suffering crist' (Thorpe), sondern ‚Christ who had suffered'. II 476,17 *and his brôðer sunu Irtacus, yfele geworht man, fêng tô his rîce.* Thorpe übersetzt ‚an evil-conditioned man', während es heisst ‚a man who had lived badly'. *Gelýfed* II 26,32, L. II 302, *geþancod* I 36,19.

§ 105. Flexion und syntactische verwendung.

1. Die flexion der beiden participien ist genau dieselbe wie die des adjectivs und tritt unter denselben bedingungen ein, wie sie dort auseinandergesetzt sind.

a) Nur bemerke ich, dass beim part. präs. flectierte formen mit nicht flectierten wechseln. Die fälle, in denen das part. präs. sich der adjectivischen flexion nicht anbequemt, sind allerdings selten. II 326,1 *on yfel wyllende sâwle*, aber II 100,20 *mid weallendre lufe.* II 176,26 *hi lǽddon þone munuc swâ bifigendne binnon ðâm mynstre*, aber: L. III 488 *and gelǽdde hine on ǽrne merigen forð wel sprecande.* L. V 102 *þone scînendan engel*, aber L. VII 151 *ðone scînende clâð.* II 26,25 *ânum yrnendum hwêole*, aber *ǽnne scînende engel.*

b) Im vocativ gilt für das part. prät. ebenfalls die beim adjectiv gegebene regel. Nur nach *þû* und *gê* ist es schwach. II 400,4 *Maledicte non Benedicte, þû âwyrigeda and nâ geblêtsod.* L. II 201 *secge, þû forscyldeguda.* II 572,29 *gewîtað fram mê, gê âwyrigedan.* Die stelle II 108,2 macht keine ausnahme, da Thorpe falsch liest *cumað gê blêtsode mînes fæder*, während es heissen muss *cumað geblêtsode mînes fæder.*

2. Das part. präs. wird sehr häufig mit *bêon, wesan, weorðan* zu den bekannten umschreibungen verwendet, die aber durchaus noch nichts von der besonderen bedeutung haben, die sie ne. erlangten. I 382,21 *hê wæs ðâ biddende his drihten mid þisum wordum* heisst genau dasselbe wie *hê bæd þâ his drihten.* I 374,5 *Petrus wearð æfterweard ðus cweðende.* I 520,4.

3. Wie oben angeführt, wird, um das perfectum auszudrücken, an stelle des einfachen präteritums schon sehr oft die umschreibung mit *habban* + part. prät. gesetzt. In dieser verbindung ist das part. natürlich meistens unflectiert. Bei Ælfric begegnen aber zuweilen noch flectierte formen, der entstehung dieser verbindung gemäss. II 500,23 *hæfde ǽr his þing þearfum gedǽlede.* I 14,15 *þâ þâ hê hî gesceapene hæfde* = als er sie als geschaffene hatte.

4. Überaus häufig ist bei Ælfric eine dem lateinischen ablativus absolutus entsprechende participialconstruction. II 166,22 *beclŷsedre dura.* II 260,23 *on ðâm seofoðan dæge hine sylfne gereste, geendodum weorcum.* II 360,7. II 364,19 etc.

5. Ælfrics participium ist noch im eigentlichsten sinne ein verbales adjectiv, indem es sogar zu gleicher zeit adjectivische function und verbale rection zeigt. II 290,15 *gelaðung gecorenra manna tô ðâm êcan lîfe.* II 150,5 *ân licgende mǽden on langsumum sâre.* II 186,30 *âstrehtum handum wið heofonas weard.* II 274,19 *hê âwende þæt flôwende wæter of ðâm stâne tô his âgenum blôde.*

b) Der infinitiv.

§ 106. Da Ælfric nur eine einfache form, den inf. präs. act., zur verfügung hat, nimmt er für die übrigen infinitive in der grammatik seine zuflucht zu umschreibungen (cf. Gram. inf. perf. act. 134,5, 150,14; inf. präs. pas. 143,18; inf. fut. act. 134,11, 150,18; inf. fut. pas. 144,4, 150,17, 151,12. Diese umschreibungen fanden bei ihm keine verwendung in der praxis, er umgeht diese infinitive dort. Nur einmal fand ich in ungelenker weise den inf. präs. act. für den des passivs. II 360,20 *hê gecêas him tîman to âcennenne on menniscnysse.*

§ 107. Was die syntactische verwendung des infinitivs bei Ælfric anbelangt, so hebe ich nur hervor:

1. Um bei verben der bewegung die art derselben zu bezeichnen, wird im älteren ae. stets der einfache inf. gebraucht (*hê côm gangan*). Ælfric aber gebraucht an seiner stelle stets das part. präs. II 14,6. *Gabriel him côm tô flêogende.* II 134,26 *him côm rîdende tô sum ârwurðe ridda.* II 162,18. II 510,14.

2. Lässt Ælfric von einem verb, das den präpositionalen inf. regiert, 2 infinitive abhängen, so sind sie höchst selten beide präpositional. II 486,25 *þâ ongunnon þâ apostoli hi tô lǽrenne and tô secgenne, hû Adam* etc. I 582,6 *ic côm tô sêcenne and tô gehǽlenne.* Weit häufiger aber ist nur der erste inf. präpositional und flectiert, nicht der zweite. II 372,19 *mê is nêod tô farenne and ðone gesêon.* L. V 322 *biddende mid wôpe, þæt hi wurðe wǽron, for criste tô ðrôwigenne and becuman tô his hâlgum.* II 486,25. II 488,34. II 588,12.

Cap. III. Die hülfsverben.

§ 108. Das verbum substantivum.

a. *Wesan* tritt als begriffsverb in den verschiedensten bedeutungen auf. Es bedeutet: existieren, verweilen, bevorstehen, geschehen, bestehen aus, gehören etc. II 292,15 *bêobrêad is on twâm þingum, on weaxe and on hunie.* I 258,20 *sŷ þîn willa.* Zu den übrigen bedeutungen vergleiche: I 274,30. I 380,25. II 8,22. II 104,4. II 218,4. II 230,33.

2. Als copulatives hülfsverb wird es wie gewöhnlich gebraucht, nur hat es zuweilen die bedeutung ‚werden'. L. VI 272 *on ðâm ðrŷttêoðan dæge æfter ðâm ðe hê munuc wæs* (Mönch wurde).

b. *Bêon* hat bekanntlich oft die bedeutung des futurs.

So auch bei Ælfric. II 82,16 *wê gesêoð, hwæt nû tô dæg is, ac wê nyton, hwæt tô merigen bið tôweard.* Zu beachten ist aber, dass Ælfric durchaus nicht bestrebt ist, dem *bêon* ausschliesslich diese bedeutung zu vindicieren und demgemäss für das präsens mehr *wesan* zu gebrauchen. *Bêon* ist ihm in präsenter bedeutung durchaus geläufig (II 230,29 *wê menn bêoð mid synnum âcennede*), in der grammatik dürfte es in dieser sogar häufiger gebraucht sein, als *wesan.* Ja, er gebraucht es sogar in perfecter bedeutung. Gram. 125,7 *nân man ne hæt dôn, þæt þæt gedôn byð.*

§ 109. *Weorðan.*

1. *Weorðan* als begriffsverb heisst: werden, geschehen, entstehen, statthaben etc. II 54,5 *gifta wæron gewordene* = nuptiae factae sunt. Gen. 15,1 *þâ wearð godes spræc tô Abrame* = factus est sermo. II 192,35. II 242,1. II 246,24.

2. Als copulatives hülfsverb heisst es, wie sonst, meistens ‚werden'. Das präteritum heisst aber auch sehr oft ‚war'. I 20,21 *þâ wearð þær hrædlîce micel mennisc geweaxen.* II 116,12 *and hire dohter wearð ðâ gehæled of ðære tîde.* I 206,13. II 378,17.

§ 110. *Cunnan.*

1. *Cunnan* als begriffsverb heisst: wissen, kennen, verstehen. I 306,25 *ne cann ic êow.* II 52,15 *cild ne cann þises gelêafan nân þing.* II 96,18. II 370,11. II 404,16.

2. *Cunnan* als hülfsverb bedeutet bei Ælfric noch niemals physisches können, sondern nur intellectuelles. I 160,23 *sê man, sê ðe cann understandan god.*

§ 111. *Magan.*

1. Als hülfsverb bedeutet *magan* physische, moralische und logische möglichkeit. cf. II 96,22 *hê læg singallîce and næfre sittan ne mihte.* I 54,30 *ne mæg ic mîne fêond luf-*

ian. I 460,30 *ne mage gê gode ðêowian and êowres fêos gestrêone.* Sehr häufig umschreibt es den conjunctiv. II 384,20 *ôðþæt hê ðâ menigu forlǽtan mihte* = donec demitteret turbas. II 156,5. II 242,16. II 262,28. I 152,21.

2. Ælfric verwendet *magan* noch recht häufig als begriffsverb. Gen. 29,6 *hû mæg hê?* = sanusne est? II 384,8 *êow. lǽwedum mannum mæg ðêos ânfealde racu tô trymingε.* II 196,3. II 346,10. II 432,14. L. III 435 *þâ sǽde sê cnapa, þæt hê swîðe well mihte* (dass er sich gut befand).

§ 112. *Onginnan.*

Onginnan hat meist die begriffliche bedeutung ‚anfangen'. Daneben finden wir es oft als begriffsloses hülfsverb. In letzterer bedeutung verändert es den begriff des verbums, zu dem es tritt, kaum und ist jedenfalls nicht zu übersetzen, wie das so oft geschieht. II 296,10 *hwæt, þâ ongunnon ealle his êhteras mid sôðre dǽdbôte tô him gebiddan; wêndon, þæt hê wǽre wîtodlîce god. ðâ ongann sê apostol hî ealle lǽran ofer twelf mônað* etc. Thorpe: Hereupon all his persecutors begun to worship etc. Then the apostle undertook to teach them all. II 514,26 *and hêo ongan hreppan þæs hâlgan gewǽdu and wæs sôna hâl,* nicht: she began to touch. L. II 118 *and þâ gebrôðra sôna cêosan ongunnon Eugenia to abbude,* Skeat: immediately began to choose. Meistens, allerdings nicht immer, scheidet Ælfric dies *onginnan* von dem begriffsverb schon dadurch, dass er bei letzterem den infinitiv mit *tô* setzt cf. II 78,27.

§ 113. *Sculan.*

1. *Sculan* bedeutet als begriffsverb ‚sollen, bestimmt sein'. II 278,5 *hâlige bêc bêodað, þæt man mencge wæter tô ðâm wîne, ðe tô hûsle sceal.* II 354,9. II 452,18.

2. Wichtig ist der gebrauch von *sculan* zur umschreibung des futurum. Es stellt ursprünglich die zukünftige

handlung als vom geschick abhängig dar. In der altheidnischen poesie blickt diese bedeutung immer deutlich durch. Bei Ælfric ist kein schimmer mehr von ihr. Bei ihm bezeichnet *sculan* rein formell die zukünftige handlung, es übersetzt ganz gewöhnlich das lat. fut. II 288,6 *wê wênað, þæt gê ealle on andweardnysse hêr ne bêon tô ðâm dæge, þe wê þæt godspel rǽdan sceolon.* II 172,1 *nû tô dæg wê habbað hwonlîce behlâf ac tô merigen wê sceolon habban genihtsumlîce.* Gen. 18,10 *ic cume eft tô þê on þisne tîman and þîn wîf Sarra sceal habban sunu* (et habebit filium Sara). I 146,7. I 152,16. I 198,9. II 494,10. II 52,12. II 114,20. II 240,15. II 308,29. II 414,24. Gen. 19,13.

§ 114. *Willan.*

1. Wie *sculan*, so gebraucht Ælfric auch *willan* schon häufig zur umschreibung des futurum. Der das begriffsverb auf die zukunft beziehende begriff des wollens ist allerdings noch rege, aber kaum mehr überall deutlich gefühlt. Die umschreibung mit *willan* ist mehr formeller ausdruck des futurum geworden und übersetzt häufig das lat. fut. II 596,19 *þanon hê wyle cuman, tô dêmenne* etc. (inde venturus est). I 86,31 sagt Herodes *ic wât, þæt ðis Judeisce folc micclum blissigan wile mînes dêaðes.* Gen. 19,2 *wê willað wunian on ðǽre strǽte* = in platea manebimus. I 252,22. I 334,20. L. III 417. II 278,31. I 4,16. II 544,22. Gen. 17,16. Gen. 18,19.

Auf 3 verschiedene weisen ist das futurum ausgedrückt in: I 4,16 *and sê gesewenlîca dêofol þonne wyrcð ungerîma wundra . . ., and wile nêadian mancynn tô his gedwylde; ac his tîma ne bið nâ langsum.*

Ælfric gebraucht *willan* auch zur umschreibung des conditionals.

Conditional I. I 56,10 *menigfealde earfoðas and hospas*

wolde gehwâ êaðelice forberan wið þan, þæt hê môste sumum rîcan men to bearne geteald bêon. II 230,2 *ic ârwurðige mînne fæder, and gê woldon mê ârwurðian, gif gê mê rihtlîce oncnêowon.* I 146,18. I 166,3. I 176,33. I 212,25. II 88,18. II 134,31. II 216,30. II 224,2. II 574,7. L. II 178. L. III 398.

Conditional II. I 336,24 *gif ic wiste, hwæt hê wære, ic wolde licgan æt his fôtum* (ego, si scivissem, quis esset, pedes illius tenuissem). I 174,20. I 484,29. II 278,11.

2. Wie im übrigen ae., begegnet *willan* auch hier in der bedeutung ‚pflegen', indem es die innere neigung ausdrückt, welche wiederholung veranlasst. II 140,28 *hê wolde gelôme lêodum bodian on fyrlenum lande.* II 388,30 *Petrus wolde gelôme âna andwyrdan for hî ealle.* II 552,31. II 138,3. II 248,14. II 546,17. II 564,11.

Interessant ist, dass *willan* nicht nur bei wiederholtem thun die innere geneigtheit ausdrückt, sondern auch bei einer einmaligen handlung. Hier bedeutet es den eine bethätigung veranlassenden willen und giebt dem einfachen verb eine feine nuancierung, welche wir weder im nhd., noch ne. wiedergeben können. Von den übersetzern ist diese ausdrucksweise meist missverstanden. Sie übersetzen dies *willan* mit ‚will' und sogar mit ‚desire'. II 22,2 *wê sceolon þancian þâm heofenlîcan fæder, þæt hê wolde âsendan his âncennedan sunu* d. h. dass er so gütig war, ihn zu senden; *þæt hê âsende* würde die that weit äusserlicher ausdrücken. II 532,32 *sume men willað heora âgene ðwyrnysse bewerian ðurh ôðra manna yfelnysse.* Thorpe: desire to defend. Es heisst: some men defend. *Willan* dient nur dazu, die that als eine aus überlegung hervorgehende zu bezeichnen. Gen. 12,18 *hwî noldest þû secgan, þæt hêo þîn wîf is* = quare non indicasti. I 588,28. I 600,14. II 140,6. II 309,9. L.

II 75. L. III 290. L. IV 198. L. X 193. Diese bedeutung berührt sich in ihrem wesen durchaus mit der oben gegebenen ‚pflegen', sie ist die vorstufe zu ihr. In manchen fällen müssen wir zwischen beiden übersetzungen schwanken, z. b.. II 542,28 *wê rædað gehwǽr on martira þrôwungum þæt fæderas and gebrôðru and magas woldon geweman heora cristenan frŷnd.* I 268,23.

Abschnitt VII.

Inflexible wortarten.

§ 115. *Bûtan.*

a. *Bûtan,* welches die bekannten bedeutungen hat, wird von Ælfric ganz promiscue als conjunction und als präposition gebraucht, in ganz analogen fällen finden wir beide. I 48,24 *hwâ mæg bêon rihtlîce gecîged mannes bearn, bûton criste ânum,* aber II 238,35 *hwâ is lif bûton crist?* I 372,24 *ârǽr nû ðisne cnapan, þæt ðis folc oncnâwe, þæt nân gôdnys is bûtan ðû ana.*

b. Einmal fand ich *bûtan* in der bedeutung ‚aber'. Gen. 15,10 *hê dide þâ swâ and tôdǽlde hig, bûtan ðâ fugelas hê ne tôdǽlde* (aves autem non divisit). Ich habe nirgends einen beleg aus so früher zeit gefunden. Dieser satz zeigt auch recht hübsch, wie *bûtan* von ‚ausser' zu ‚aber' übergeht. ‚Ausser den vögeln, welche er nicht teilte', ‚aber die vögel teilte er nicht'.

§ 116. Über zeitbestimmungen und adverbiales *þæs.* L. II 72 *ðâ þæs on merigen,* das heisst, wie auch Zup. bemerkt, nicht ‚therefore in the morning', wie Skeat übersetzt. Hier ist *ðæs* adverbial, aber nicht müssiger zusatz. Es heisst

‚von da am morgen', ‚am folgenden morgen'. Es bezeichnet hier den terminus a quo und vergleicht sich nett den genetiven, von denen ich § 33,3 gesprochen habe (I 28,9 *on ðâm fêowerteogoðan dæge his ǽristes*). Ælfric drückt bei zeitangaben überhaupt gern den zeitpunkt aus, von dem an er rechnet, auch wenn dieser für den sprechenden die gegenwart ist. L. IX 64 *ne drêah ic nû ðrŷm geârum nâne ôðre dǽda*. L. X 260 *nû æfter ðrîm dagum*. Gen. 17,21 *mîn wedd sôðlîce ic sette tô Isaace, þone þe Sara þê âcenð on þisre tîde nû ymbe twelf mônð*. Da setzt Ælfric trotz des *on ðisre tîde* noch *nû* hinzu. L. II 422 *þû cymst tô ûs nû on sunnandæge*, das heisst ‚du wirst zu uns kommen am nächsten sonntage'. Skeat: now on Sunday. Ebenso heisst I 74,17 *nû on sunnandæge mînes ǽristes dæge þû cymst tô mê* = ‚am nächsten sonntage', nicht, wie Thorpe übersetzt, ‚Lo, on sunday'. I 214,27 *Sê hǽlend wæs wunigende binnan ðâm temple of ðisum dæge ôð nû on ðunresdæg*. Thorpe ‚from this day till now on Thursday', während es heisst ‚von diesem tage bis nächsten donnerstag'.

Vita.

Natus sum Bernhardus Schrader Aerzensis die quarto decimo Maji mensis anni MDCCCLXIII. patre Guilelmo, matre Minna, e gente Möhlmann. Fidei addictus sum evangelicae. Litterarum elementis instructione privata imbutus transii ad scholam quae realis dicitur Detmoldensem, unde me contuli in scholam Osterodensem. Maturitatis testimonio instructus vere anni MDCCCLXXXII migravi ad academiam Georgiam Augustam Gottingensem, ut linguarum recentiorum studium amplecterer. Per octo igitur semestria hos viros illustrissimos disserentes audivi; Andresen, Baumann, K. Goedecke, M. Heyne, Kluckhohn, G. E. Müller, Napier, Steindorff, Vollmoeller, Wagner, H. Wagner, quibus omnibus imprimis, vero Napiero et Vollmoellero et Wagnero quantum debeam, grato teneo animo neque unquam tenere desinam.

www.ingramcontent.com/pod-product-compliance
Lightning Source LLC
Chambersburg PA
CBHW020326090426
42735CB00009B/1426
* 9 7 8 3 7 4 3 4 6 8 0 5 4 *